DEZ BONS CONSELHOS DE MEU PAI

GUSTAVO CERBASI

DEZ BONS CONSELHOS DE MEU PAI

Copyright © 2020 por Gustavo Cerbasi

Todos os direitos reservados. Nenhuma parte deste livro pode ser utilizada ou reproduzida sob quaisquer meios existentes sem autorização por escrito dos editores.

preparo de originais: Sheila Louzada
revisão: Luíza Côrtes
projeto gráfico e diagramação: Ana Paula Daudt Brandão
capa: DuatDesign
imagem de capa: © Oliver Rossi / Getty Images
impressão e acabamento: Lis Gráfica e Editora Ltda.

CIP-BRASIL. CATALOGAÇÃO NA PUBLICAÇÃO
SINDICATO NACIONAL DOS EDITORES DE LIVROS, RJ

C391d   Cerbasi, Gustavo
          Dez bons conselhos de meu pai/ Gustavo Cerbasi. Rio de Janeiro: Sextante, 2020.
          176 p.; 16 x 23 cm.

          ISBN 978-85-431-0976-3

          1. Finanças pessoais. 2. Educação financeira. I. Título.

20-62832   CDD: 332.024
                                                                                      CDU: 330.567.2

Todos os direitos reservados, no Brasil, por
GMT Editores Ltda.
Rua Voluntários da Pátria, 45 – Gr. 1.404 – Botafogo
22270-000 – Rio de Janeiro – RJ
Tel.: (21) 2538-4100 – Fax: (21) 2286-9244
E-mail: atendimento@sextante.com.br
www.sextante.com.br

*Obrigado, pai, pelo que sou.
Explico melhor nestas páginas.*

*Obrigado, mãe, por cuidar tão bem da família,
principalmente do meu pai
enquanto era vivo.*

Sumário

Prefácio à nova edição — 9

Introdução — 11

Meus quatro pais — 15

BOM CONSELHO Nº 1
Estude. Sem estudo, ninguém chega a lugar algum. — 27

BOM CONSELHO Nº 2
Viva. Não permita que o trabalho tome conta de sua vida. — 53

BOM CONSELHO Nº 3
Antecipe-se. Invista cedo na carreira e aproveite para aprender agora. — 69

BOM CONSELHO Nº 4
Desconfie. Não deixe te passarem a perna. — 83

BOM CONSELHO Nº 5
Preserve. Cuide do que é seu, para não ter que comprar outro. — 97

BOM CONSELHO Nº 6
Simplifique. Não complique, faça-se entender. 107

BOM CONSELHO Nº 7
Aproveite. Sua riqueza é maior do que você imagina. 119

BOM CONSELHO Nº 8
Coopere. Seja útil ao time. 133

BOM CONSELHO Nº 9
Supere-se. Não importa o que fizer, faça bem-feito.
Se possível, melhor do que os outros. 145

BOM CONSELHO Nº 10
Celebre. Valorize suas conquistas e suas riquezas. 157

Como colocar em prática os bons conselhos de meus pais 167

Considerações finais 175

Prefácio à nova edição

Este livro foi escrito em 2012, com o objetivo de compartilhar com meu público algumas lições sobre a capacidade de fazer boas escolhas que sempre considerei essenciais para um bom planejamento financeiro. Foi escrito também, como sugere o título, para homenagear o maior exemplo e herói que tive na vida.

Meu pai. Sendo meu maior herói, minha maior referência, meu maior mentor, meu conselheiro e confidente, perdê-lo, em 2015, foi a situação mais difícil que já vivi. Por essa razão, considero que a realização mais importante da minha carreira foi, sem sombra de dúvida, ter feito esta homenagem quando meu pai ainda era vivo. Rimos e nos provocamos muito com algumas das reflexões aqui contidas, que algumas pessoas próximas acharam contundentes, às vezes ofensivas. Mas ele não me deixou retirar nada da edição original. Sempre teve orgulho de sua história, sempre revisou meus textos minuciosamente e fez questão que eu preservasse os detalhes que você encontrará nestas páginas.

Meu pai ficou muito orgulhoso de ter sido citado em vários veículos de imprensa, de ter sido entrevistado, de ser reconhecido por antigos amigos e colegas de trabalho. Quando partiu, deixou saudades e um grande vazio. Mas deixou também um grande legado, que tenho a missão de carregar pela minha vida.

Achei que seria mais fácil revisar o texto para esta nova edição. Como foi difícil mudar a conjugação verbal do presente para o passado! "Ir às compras com meu pai é difícil" se tornou "Ir às compras com meu pai *era* difícil". Mesmo assim, este continua sendo o título de que mais gosto de todos os que escrevi, pois é quase uma autobiografia e, principalmente, porque é uma homenagem também a várias outras pessoas citadas ao longo destas páginas.

Essas pessoas não só são eternizadas nesse texto como também traduzem formas de viver que servem de exemplo para muitos. Meus tios Gildo e Teresa, por exemplo, inspiraram inclusive o roteiro de uma série de televisão, ainda em produção. E meu avô Bronius Petrasunas carregava um sobrenome que está se extinguindo no mundo – restam poucos vivos (incluindo eu) dessa família de origem lituana. Nada mais justo do que imortalizar o nome em minha bibliografia.

É, portanto, uma obra carregada de sentimento, em que conversei muito comigo mesmo. Também chorei bastante ao recordar pessoas importantes que se foram, mas sei que este livro traz uma energia muito positiva ao transmitir conhecimento que transforma com base em exemplos reais, de pessoas comuns que são lembradas com alegria por aqueles que as conheceram.

Em meu trabalho, escrever livros foi um dos caminhos que encontrei para levar conhecimento a mais pessoas. Em *Dez bons conselhos de meu pai*, sigo essa tradição, mas também compartilho com meus leitores um pouco de minha história e muito de minha intimidade, meus medos, minhas frustrações e minhas lições de vida, para mostrar que fazer boas escolhas é uma habilidade que se desenvolve. Espero que você curta a obra. E, de preferência, que aprenda muito com ela. Boa leitura!

Introdução

Dizem que conselho não se dá, se vende. Porém, os melhores conselhos que recebi na vida não foram pagos; não vieram de consultores nem professores. Aprendi muito nos ambientes acadêmico e profissional, mas os conselhos mais importantes para meu desenvolvimento, minha carreira e minhas relações pessoais não chegaram até mim por qualquer vínculo formal. Vieram das pessoas que mais amei e amo na vida.

Inicialmente como professor, depois como consultor e então como palestrante, construí uma carreira em que ganhei projeção pelos conselhos que dou. No entanto, não cobro por aconselhar. Meu trabalho é educar. Quando alguém cursa uma disciplina que leciono ou assiste a uma palestra minha, está pagando pela transmissão de conhecimento especializado. É no momento do cafezinho, da conversa descompromissada, da dedicatória nos livros em noites de lançamento que aparece a oportunidade do papo informal. E aí surge o conselho. Simples, reflexivo, direto, amigo.

Conselhos e conhecimento são coisas bem diferentes. O conhecimento vem da reunião de experiências e aprendizados coletivos, que permitem formar teorias e modelos para solucionar problemas, enquanto os conselhos vêm de experiências pessoais que permitem adaptar as teorias e o conhecimento à realidade de cada um. Em minha carreira, escrever livros foi um dos caminhos que encontrei para levar conhecimento a mais pessoas. E, talvez por eu adotar a linguagem típica do gênero de autoajuda (uma escolha pessoal, para tornar o conteúdo mais acessível), muitos confundem conhecimento com aconselhamento. Nos livros, essa confusão se dá quando uma teoria parece se encaixar perfeitamente na realidade de quem lê. Isso, porém, acontece quando o escritor se refere a um comportamento usual de uma população, com base em dados estatísticos. É essa habilidade generalista que procuro incorporar em meus textos.

Os conselhos que dou – a parte não remunerada do meu trabalho – não nasceram comigo. Aprendi com a vida, com a experiência, com o trabalho, com as trocas que tive com incontáveis pessoas que passaram pelo meu caminho. Se hoje dou conselhos, devo a tais pessoas essa habilidade.

Cada pessoa com quem convivi nos meus 45 anos de vida foi valiosa, mas algumas merecem um crédito especial. Meus pais certamente são as mais importantes dessas pessoas. Sem eles, eu não seria o que sou, não teria a educação que tive, não teria o caráter que eles moldaram. Não seria o homem pelo qual minha esposa se apaixonou, o pai que aprendi a ser para meus filhos, o profissional que zela por valores que não necessariamente são bem aceitos por todos mas que fazem de mim quem sou.

Meus *pais*. A injusta língua portuguesa pluraliza o homem e aparentemente diminui o mérito da mulher. Mas devo a minha doce, honesta e carinhosa mãe minha referência de como educar filhos. À figura paterna devo outros aprendizados, mas esses são tão complexos quanto meu entendimento do que é um pai. Para fins legais, sociais e familiares, durante todo o meu desenvolvimento tive apenas um pai. Mas esse pai se dividiu em várias figuras, em muitos momentos seu papel tendo sido assumido por outra pessoa. Tommaso

Cerbasi, meu pai biológico, sabia disso. E todas as páginas a seguir se dedicam a explicar o que quero dizer aqui.

Muitas pessoas atribuem todo o sucesso e fortuna que acumulei precocemente em minha carreira a um suposto berço de ouro, a uma educação privilegiada ou a oportunidades acessíveis a poucos. Quando comecei a escrever este livro, imaginei que, ao mostrar aos leitores a origem simples de minha família e as dificuldades da vida que me ensinaram lições, provaria o contrário.

Porém, à medida que fui organizando as ideias em uma sequência temporal e explicando como certos fatos se transformaram em bons conselhos para mim, concluí que realmente nasci sob uma condição de grande riqueza. Não se tratava de riqueza material, mas de riqueza humana, de caráter, de boas intenções e de respeito à ingenuidade de uma criança que nada sabia e que muito tinha a aprender com a experiência dos adultos.

Meus quatro pais

Meu pai, na verdade, se divide em quatro. Não que meu pai Tommaso não tenha cumprido à excelência seu papel em minha formação e educação. Sem dúvida, foi um grande homem, honesto e digno, além de grande pai e excepcional educador. Na verdade, um de seus maiores méritos foi ter tido a humildade de perceber ainda cedo que sua rotina de trabalho, no esforço de fazer o máximo para prover a família, lhe tomava um tempo que seria preciso para apoiar minha mãe na educação dos filhos.

Por isso, meu pai procurou inserir a mim e minha irmã, Kátia, em ambientes que nos garantissem educação e aconselhamento da mesma qualidade que ele poderia nos dar. Sabendo que estaria ausente, cuidou para que estivéssemos sempre em um ambiente socialmente saudável, na companhia de pessoas cujos valores pessoais ele admirava e que, mais do que presentes, servissem de referência. Graças a isso, estive rodeado de outros grandes homens, que foram muito importantes para mim. E três dessas referências foram, em minha infância, praticamente referências paternas – além de meu próprio pai:

Tommaso Cerbasi, o orientador

Meu pai biológico. Nasceu na Itália e veio para o Brasil ainda pequeno, instalando-se em São Paulo. Após o casamento com minha mãe, Elza, mudou-se para o Rio Grande do Sul, onde nasci.

Somente quando voltamos para São Paulo foi que meu pai entrou para a faculdade de Administração e começou a assumir cargos mais altos. Mais tarde, eu viria a ouvir muitas histórias sobre a dificuldade que foi crescer na carreira sem um curso superior, e que a vida profissional dele só deslanchou realmente depois de entrar na faculdade. Como ele estudava e trabalhava, conviver com meu pai era um luxo de final de semana.

A despeito da sua presença rara, muitas vezes limitada a citações intimidadoras de minha mãe ("Ah, quando seu pai souber disso..."), ele sempre foi grande referência para minhas decisões. Desde pequeno, quando eu me comportava mal, ouvia dele algo como "Nas empresas, se você não cumprir o prometido, perderá o emprego". Esses comentários eram odiosos, pois eu não me imaginava trabalhando "nas empresas" (aliás, até hoje não me imagino). Mas a frequência com que o assunto era abordado me dava uma noção da postura de meu pai em relação ao trabalho. Por sua obstinação, ele era rigoroso nas regras, duro nos argumentos, firme na imposição de suas vontades. Sempre que eu o acompanhava em eventos de negócios, ouvia se referirem a ele como "xerife", "carrasco" e "tirano", principalmente os subordinados. Ele não era amado pelos colegas de trabalho, mas era respeitado pela intensidade com que executava seus planos e atingia seus objetivos.

Nunca teve grandes luxos, mas dinheiro nunca lhe faltou. Aposentou-se com a independência financeira garantida e sabia que, mesmo que vivesse mais 30 anos, não passaria por dificuldades, pois sabia cuidar do que tinha. Mas saber juntar dinheiro não deixa ninguém rico. O que aprendi verdadeiramente com meu pai foi muito mais que o hábito da poupança, a perseverança e a disciplina – vai muito além das triviais ferramentas lógicas de que precisamos para acumular riquezas.

Acima de tudo, meu pai sempre foi um homem de atitude. Essa foi sua grande inspiração. Batalhou para nos garantir dignidade, mas soube reconhecer suas fragilidades e lidar com elas a tempo de evitar que destruíssem a família. Em sua fase de pai ausente, nos garantiu referências saudáveis, preservando a família como seu maior patrimônio.

Hermenegildo Sgargeta Filho, o proseador

Ou, simplesmente, tio Gildo. Girdão para os muito íntimos. Meu pai sempre foi bastante apegado aos seis irmãos. Todos moravam no interior de São Paulo. Por isso, a cada duas ou três semanas viajávamos para Itupeva, onde ficava a Fazenda Pinheiro. Lá, viviam e trabalhavam meus tios Hermenegildo e Teresa, irmã de meu pai.

Imagine uma pessoa incrivelmente cativante e agradável. Tio Gildo era zootécnico por formação e apaixonado pela profissão. Adorava compartilhar com qualquer um as descobertas de suas pesquisas. Ao tio Gildo nunca faltava assunto nem uma boa piada. Hoje, digo que sou ruim para contar piadas porque ele me forneceu todo o humor de que precisei em minha infância, de modo que não tive que desenvolver essa habilidade eu mesmo. Ele foi, simplesmente, o melhor proseador que já existiu. Debatia e fazia piada de tudo: governo, trabalho dos outros, ingenuidade das crianças, saúde, carros, televisão, qualquer que fosse o assunto. Quanto mais entendia de um assunto, mais sério era o debate. Quanto menos entendia, mais cínica era a piada.

– Copa do Mundo? E eu lá quero ver 22 marmanjos se agarrando e brigando por uma bola?

Tio Gildo deve ser um dos responsáveis pelo meu desinteresse quase absoluto pelo futebol (quase: aceito um convite para assistir a uma partida de futebol raiz do Juventus da Mooca).

Era homem dos mais tradicionais. Nas refeições em sua casa, sentava-se sempre à cabeceira da mesa e convidava os homens presentes a se sentarem próximos a ele. Apesar de as mulheres ficarem mais distantes, eram frequentemente chamadas a ouvir uma piada. "Elza, ouve essa…", dizia, como se a piada fosse dirigida especialmente para minha mãe. Nesses momentos, a atenção de todos à mesa se voltava para sua voz potente e sua deliciosa narrativa.

A vida ali era típica do campo. A Fazenda Pinheiro era certamente a mais bonita de Itupeva, incrivelmente charmosa e rústica, amada por crianças e adultos. Cultivava-se de tudo por lá – café, milho, abóboras, cogumelos –, e criava-se gado leiteiro e porcos. Havia também um rústico engenho de pinga.

Na lida diária, tio Gildo estava sempre por perto, sempre ensinando alguma lição, fazendo alguma piada, criando um momento inesquecível ou simplesmente tocando a rotina da fazenda, comigo como companhia. Nesse papel de ajudante informal, andei muito de trator e de charrete, experimentei muitos alimentos que não conhecia, ajudei a selar cavalos, espetei o dedo em diferentes espinhos, segurei porquinhos e pintinhos nas mãos e fui picado e mordido por uma infinidade de bichos.

Na fazenda, fui uma criança mais saudável do que meus amigos da cidade. Sempre tímido, quieto e bom ouvinte, aprendi muito com a riqueza da vida no campo. O tempo passou, meus tios se mudaram, a fazenda foi vendida e loteada, mas até hoje as conversas entre os primos sobre aqueles tempos fazem os olhos marejarem. Éramos felizes – e sabíamos muito bem disso. Na verdade, éramos verdadeiramente ricos. Impossível esquecer o que aprendi naquela época.

Bronius Petrasunas, o bom-caráter

Meu avô materno. Moramos no porão da casa dele pouco depois do nascimento de minha irmã, enquanto nossa casa era reformada. Porão mesmo, dois cômodos, banheiro só no quintal. Em um cômodo havia uma pia, armários e uma mesinha; no outro, a cama de meus pais e o berço de minha irmã. Uma experiência e tanto do que é viver de maneira simples.

Seo Bruno para os íntimos, casado com minha avó Veronica, nasceu em Vilnus, capital da Lituânia, em 1910 e viveu até 2001. Nunca acumulou dinheiro, nunca teve fortuna. Mas também nunca precisou. Era uma pessoa extremamente simples.

Pense em alguém pacato e tranquilo. Ele era mais. Meu avô Bruno era o exemplo de bom ser humano. Não brigava, não reclamava. Era simpático e cortês com todos, extremamente gentil com as mulheres. Vivia impecavelmente elegante, apesar de as peças de seu guarda-roupa terem uma vida útil média superior a 15 anos. Nunca estava com pressa, não sei se por hábito ou como reação à correria alheia, e não se constrangia com isso. Sempre convidava as pessoas a ficar mais um pouco – "Para que a pressa em ir embora?".

Eu adorava quando ele ia me buscar na escola com seu fusquinha 1969 cor de café com leite. Toda vez que eu o encontrava, ganhava uma balinha de framboesa. Até hoje as balas 7 Belo evocam em mim a lembrança de meu avô.

Era de pouco falar e muito escutar. Uma pessoa realmente agradável para todos com quem convivia. Herdei muito da personalidade dele. Digo "herdei" porque quando olho para meu filho, que não o conheceu, vejo características muito marcantes de meu avô. A genética lituana se manteve bem preservada por pelo menos três gerações.

Acredito que a grande admiração que sempre senti pelo vô Bruno se deve a dois fatores. Primeiro, sua dignidade: ele nunca perdia o respeito por pessoa alguma e sua atitude fazia com que, por sua vez, nunca fosse desrespeitado. O segundo fator que explica minha admiração é a empatia propriamente dita. Eu via no meu avô um modelo a ser seguido. Era exatamente o mesmo que eu sentia pelo meu tio Gildo. Se eu ficasse em dúvida quanto à correção ou não de uma atitude minha, pensava comigo: "Se meu avô estivesse no meu lugar, como agiria?"

Vô Bruno foi, portanto, um pai que não se esforçou em ensinar lições ou em aplicar sermões. Ensinava naturalmente, pelo exemplo, pela atitude, pela simpatia.

No final dos anos 1990, quando eu estava para concluir a faculdade, vô Bruno já não se lembrava muito bem das pessoas, passava a maior parte do tempo na cama, sofria com a dificuldade para andar e para se alimentar. Um dos momentos que me fizeram ver claramente que meu avô estava se despedindo da vida aconteceu em um dia em que eu lavava meu próprio carro, sozinho, em frente à casa dele. Quando eu me encontrava ensopado de sabão, já para concluir a lavagem, olhei para o lado e me assustei ao ver meu avô, saindo da garagem e vindo em minha direção com muita dificuldade. Devia ter perdido pelo menos uns 10 minutos caminhando da cozinha para a rua, descendo dois lances perigosos de uma escada em curva, agarrando o corrimão com as duas mãos. Ele olhou para mim, colocou a mão no bolso e tirou de lá, educadamente, uma fatia do alimento que considerava ideal para receber seus convidados:

– O senhor quer um pedacinho de *salsichón*?

Percebi, naquele momento, que o estava perdendo. Em respeito, aceitei a fatia e comi, mesmo coberta com restos de fios de algodão e de outras sujeiras acumuladas no bolso daquela calça surrada, além do sabão dos meus dedos. Era o mínimo que podia fazer por meu avô.

Ele partiu poucos meses depois.

Paulo Ramos Filho, o enérgico

Nascido em São Paulo em 1960, Paulão foi técnico da equipe de natação do Clube Atlético Juventus entre 1987 e 1990. Eu o conheci quando ele estava começando a carreira, recém-formado em Educação Física. Não tinha muita experiência em natação, mas entendia de condicionamento físico e da cabeça dos adolescentes.

Tinha um estilo enérgico, intenso. Como bom técnico, não raro a comunicação era aos gritos: "Parem de falar enquanto correm!", "Isso aí é um alongamento ou uma dança do ventre?", "Vocês vieram para treinar ou para brincar?". Essas eram algumas das suas exclamações mais frequentes, geralmente acompanhadas de uma palavra de estímulo – como um palavrão.

Lembro-me de algumas de suas palavras carinhosas para mim antes de eu me dirigir a um revezamento gigante, formado por 40 atletas:

– Bicho, você vai ser o segundo a cair na água, e esse mundo de gente pode se dar bem ou se dar mal dependendo de como você vai entregar a prova para eles. Então, cai na água e se mata, dá o sangue, faz o seu melhor, nem que saia vomitando. Não me decepciona!

Subi apavorado na baliza, tremendo mas também fervendo por dentro, e o resultado... Bati meu melhor tempo com ampla margem, mesmo tendo perdido a touca e enchido meus óculos de água logo na largada!

Quando subi à arquibancada, entendi o significado de toda aquela agressividade do Paulão. Ele fez questão de abraçar, com um largo sorriso, cada atleta que foi bem (incluindo eu), mas também criticou cada atleta que não conseguiu dar seu melhor e apontou os erros de cada um. Ao final da competição, cumprimentava o pai dos atletas, usando palavras de estímulo também para eles, que se esforçavam em passar uma manhã de sábado sob o sol, acompanhando a competição. Era fascinante!

Antes de cada treino, ele explicava qual tipo de exercício de alongamento, musculação ou aeróbico seria feito, e por que seria feito. Acompanhava cada nadador de perto, parando um ou outro para aferir os batimentos cardíacos. Fazia alongamentos junto conosco. Servia de modelo para explicar a postura correta na musculação. Nos dias de relaxamento, jogava vôlei ou futebol com a gente, suava e se divertia junto. Quando um ou dois atletas fugiam do esquema de treinamento ou se mostravam sem entusiasmo, aí sim o Paulão dava vida a sua potente voz cavernosa, acompanhada de veias jugulares extremamente saltadas e ameaçadores olhos azuis arregalados que causavam pesadelos.

Paulão era duro quando precisava educar, mas um grande companheiro quando era hora de comemorar. Um técnico de verdade. Ou, na prática, um segundo pai para quem não podia contar com a orientação paterna todos os dias. No meu caso, foi meu quarto pai, pelo fato de ter surgido em minha vida depois dos outros três, mas não menos importante do que os demais.

Mais do que exigir disciplina nos treinos, ele também acompanhava as notas escolares, brigava feio com os atletas que iam mal nos estudos, cobrava boa alimentação e impunha uma rotina quase militar – o que não seria nada de mais, não fosse o fato de que os cerca de 40 nadadores da equipe estavam na faixa dos 12 aos 16 anos de idade, o auge da adolescência.

Enquanto víamos amigos de infância se viciarem em bebida, cigarro e outras drogas, vivi em um ambiente em que até refrigerante era proibido e chocolate era controlado. Enquanto, nas escolas, ouvíamos falar de conflitos entre pais e filhos, os atletas e os pais formavam uma só família nas competições de finais de semana. Nossos colegas de classe elaboravam esquemas complexos para driblar as restrições dos pais e conseguir ir às baladas em casas noturnas; nós, atletas, terminávamos os treinos às oito da noite, exaustos, e mal acabávamos de jantar já caíamos na cama, às nove.

Mas a vida em equipe não eram só privações. Paulão se preocupava em manter o astral de seus atletas em alta e também em manter o grupo unido. Para isso, frequentemente criava atividades de integração, incluindo acampamentos, gincanas, eventos de confraternização com outros clubes e churrascadas em que as famílias se reuniam. Esse aspecto da reunião familiar era tão intenso que considero muitos pais e mães de atletas como alguns de meus grandes amigos da adolescência. Os atletas que estavam na mesma categoria que eu são mais que amigos; são meus irmãos, sempre presentes nos lançamentos de meus livros, nas festas de família e no nascimento de meus filhos. Nem minha relação com meus amigos mais antigos nem as melhores amizades que fiz no meio profissional se equiparam à intimidade que tive com meus colegas de equipe na intensa adolescência como nadador.

Foi assim que, com disciplina e imposição de regras que nem nossos pais conseguiriam nos obrigar a seguir, mas também com uma motivação inabalável pelo esporte e pelo espírito de equipe, Paulão construiu uma grande família em que ele é o patriarca.

Acredito que prosperei cedo porque tive a felicidade de conseguir absorver ainda jovem os ensinamentos que meus pais me deram, e também porque tive a oportunidade de colocá-los em prática. Essa constatação me tranquiliza, pois não consigo imaginar um lugar do planeta em que não existam pessoas do bem desejando o melhor para seus filhos. Talvez essas pessoas não consigam criar prosperidade a seu redor não por falta de desejo, mas por desconhecerem o poder que está por trás de, por exemplo, estimular uma criança a ler ou de simplesmente incentivá-la a fazer o dever de casa com capricho. Ignoram que os erros cometidos trazem ótimas lições, que, se não puderem ser aproveitadas para corrigi-los, no mínimo servirão de grande ensinamento para seus filhos e netos.

Na prática, ter convivido com vários pais bastante dedicados a me orientar me deu a oportunidade de ter mais de um ponto de vista sobre o que é oportuno e o que não é para que eu buscasse ser uma pessoa melhor. Não ouso dizer que aprendi a diferenciar o certo do errado, porque esses são conceitos raramente unânimes, mas sinto que aprendi a colecionar acertos e a extrair lições dos erros, quando muitos insistem em jogar a toalha diante de qualquer obstáculo. Eu acredito que você também tenha grandes ensinamentos latentes em sua memória, talvez só não tenha ainda se dado a oportunidade de parar, se organizar e pensar como aproveitar alguns deles para criar novos mecanismos de prosperidade em sua vida.

Por exemplo, independentemente de quem tenham sido as figuras com papel paterno ou materno em sua vida, inevitavelmente você conviveu com adultos que lhe passaram bons exemplos, e também com adultos que cometeram erros e deixaram lições do que não se deve fazer.

Os erros cometidos trazem ótimas lições, que, se não puderem ser aproveitadas para corrigi-los, no mínimo servirão de grande ensinamento para seus filhos e netos.

◉ gustavocerbasi

Seria natural que essas referências e lições nos servissem de base para construirmos uma vida bem melhor do que a de gerações passadas.

Entretanto, vivemos em uma cultura em que, aparentemente, erros são repetidos geração após geração, principalmente no quesito riqueza e prosperidade. Há gerações os brasileiros são endividados, mesmo quando os juros eram elevados. Há mais de meio século contamos com a proteção do governo no nosso futuro, mesmo sabendo que a conta da previdência social não fechará. Como nossos pais, insistimos em realizar compras parceladas, mesmo sabendo que esse é um caminho rápido para perder o controle e sujar o nome. É como se resistíssemos a aprender.

Na verdade, o aprendizado existe na teoria, mas não o praticamos. Provavelmente porque a correria da vida moderna não nos permite parar para refletir ou para testar novos caminhos. Preferimos manter as coisas como estão a correr o risco de sofrer com uma mudança que pode não dar certo. A isso se dá o nome de zona de conforto.

Meu papel é mostrar a você, leitor, que sair da zona de conforto pode lhe trazer bons resultados e pavimentar um caminho mais próspero. Ao escrever sobre conselhos que recebi de meus pais, não pretendo transferi-los simplesmente a você. Afinal, foram bons conselhos porque vieram de pessoas que me conheciam muito bem e foram bem recebidos porque eu conhecia a fundo cada aconselhador. Neste livro, explico como bons conselhos foram transformados em acertos e me ajudaram a prosperar, em diversos sentidos. Transformo esses conselhos em regras que, acredito, você também conseguirá seguir para ter uma vida melhor.

Não tenho dúvidas de que os conselhos e as escolhas de meu pai, Tommaso, foram determinantes para que eu tenha conquistado uma vida realmente rica. Não tenho dúvidas também de que as escolhas que ele, juntamente com minha mãe, fez para os filhos foram fundamentais para sermos bem-sucedidos em nossas carreiras e estarmos bem tanto financeira quanto emocionalmente. É desses conselhos e dos conselhos decorrentes dessas escolhas que tratarei agora.

BOM CONSELHO Nº 1
Estude. Sem estudo, ninguém chega a lugar algum.

(Tommaso Cerbasi)

Nascido em Picerno, na província de Potenza, Itália, em 7 de março de 1944, meu pai embarcou em um navio para o Brasil em 1951, com os pais e seis irmãos, em busca de uma vida melhor. Destino: a cidade de Americana, São Paulo, onde meu avô Antonio escolheu trabalhar na Fazenda Olho D'Água, para sustentar a família. Já estavam acostumados a viver da roça na colina de Picerno, o que facilitou a adaptação a essas terras.

As economias da família, levantadas com a venda da propriedade na terra natal, não duraram muito. Vô Antonio emprestou tudo para obter ganhos com juros e tomou um calote de todos os oportunistas. Dizem que, na época, o dinheiro era suficiente para comprar 25% das terras de Americana. Tiveram que recomeçar, portanto, do zero.

Meu pai teve uma infância simples, sem luxos. Sua diversão favorita em Picerno era um pé de figo com um balanço, no qual gostava de se pendurar e se balançar. As histórias que ele contava sobre sua infância relatavam traquinagens com os irmãos e os familiares mais velhos. Aprontava tanto que aos 9 anos foi matriculado pelo pai em um internato em Campinas. Passou a ver a família apenas uma vez ao ano, mas não deixou de se divertir com os colegas de infância, todos da escola. Nos anos seguintes, continuou estudando em internatos, em quatro cidades, sempre longe de casa: Campinas, São Paulo, Pindamonhangaba e Lavrinhas.

Voltou a Americana aos 17 anos, para trabalhar na roça, ajudando o pai a cultivar milho e outras culturas que abasteciam a família. Logo percebeu que aquilo não era para ele, então rumou de volta à metrópole para tentar fazer a vida. Foi o primeiro e único Cerbasi de sua geração a se estabelecer em São Paulo. Os tempos foram difíceis nos primeiros anos, pois nunca contou com ajuda financeira da família. Morava em cortiços, andava quilômetros a pé diariamente para ir ao trabalho, continuava sem muito conforto, mas desde cedo adotou o hábito de poupar regularmente para realizar seus vários objetivos pessoais.

Conheceu minha mãe, Elza, na empresa em que ambos trabalhavam, no centro de São Paulo. Casaram-se em 1969, em uma cerimônia à sombra de uma seringueira, no sítio de meus avós em Americana, com o que pode haver de mais importante em uma grande celebração: a família toda reunida.

O cenário foi de novela de época. Meu tio Gildo veio buscar os noivos em São Paulo, em um elegante Chevrolet 1959, para conduzi-los ao local da festa: o jardim do sítio da família, que havia sido aplainado pelas enxadas dos irmãos do meu pai para receber uma grande mesa. O pomposo e rústico cardápio era composto por um boi abatido na véspera, vinho caseiro de garrafão e quitutes preparados pelas convidadas – basicamente, receitas tradicionais italianas, como *focaccias*, *taralli*, *tarallucci*, pastel doce de grão-de-bico, *fusilli*, *gnocchi*, *spaghetti*, costelinha de porco e frango caipira abatido no dia. O máximo de requinte que a rica vida simples permitia.

Logo que se casaram, mudaram-se para o Rio Grande do Sul, onde surgiu uma boa oportunidade de emprego para meu pai. Dedicado ao trabalho e preocupado em garantir à família uma vida digna, com um conforto que não teve na infância, meu pai nunca mediu esforços para alcançar metas ousadas. Um deles foi assumir um trabalho longe dos pais e irmãos, em uma terra em que não tinha amigos, com todo o isolamento imposto por uma época em que uma chamada interurbana era um evento para se marcar na agenda e provisionar no orçamento.

Aquele seria o primeiro de muitos sacrifícios em nome da carreira e de conforto para a família; sacrifícios que nos fizeram sentir sua falta, mas que eram justificados pela dificuldade que meu pai teve de se dedicar a estudos e cursos de especialização quando jovem. Até então, enquanto eu era criança, não percebia nenhum conselho ou ensinamento no sacrifício de meu pai.

Desde pequeno, nunca precisei estudar muito para ir bem na escola. Na quarta série do primário, todas as minhas notas foram A, em todas as disciplinas, em todos os bimestres. Fui tirar minha primeira nota vermelha em história, no último bimestre do último ano escolar, quando já sabia que tinha passado em dois vestibulares e não precisaria estudar mais. Apesar disso, nunca me achei um gênio ou uma pessoa com capacidades especiais.

Credito todo o mérito de meu desempenho escolar aos cuidados que minha mãe teve, desde cedo, em me acompanhar enquanto fazia as lições de casa, cobrando uma boa caligrafia, lendo comigo e explicando o que eu não entendia. Esse zelo dela acabou automatizando em mim o hábito de chegar da escola, almoçar e já sentar para cumprir as obrigações escolares, com o objetivo de ter todo o tempo restante para a diversão.

Eu não gostava de estudar. Gostava mesmo era de brincar. Por isso, me esforçava em ir bem na escola para ter mais tempo livre para as brincadeiras. Confesso que adorava os dias em que andava de bicicleta sozinho, pelo simples fato de que meus amigos estavam trancados em casa, desesperados, estudando para provas no dia seguinte. Era quase uma vingança: meu apelido era Lesma, por ser menos ativo que meus amigos, mas eu brincava o ano todo, enquanto eles tinham períodos de castigo ou de recuperação escolar. Toda vez que eu lia a fábula do coelho e da tartaruga, me via no lugar do quelônio vitorioso.

Minha técnica para ser bom aluno era simples e consciente. Consistia em respeitar o professor, devorando seus conhecimentos durante a aula, não deixando passar uma dúvida sem ser questionada. Era comum meus professores terminarem uma explicação e, para se certificarem de que haviam sido claros, perguntarem:

– Pessoal, alguma dúvida? Gustavo, você tem alguma pergunta?

Eu adorava isso. Assim, tirando todas as dúvidas durante a aula, não perdia muito tempo quando chegava em casa e ia fazer as lições. Sempre procurava fazê-las no mesmo dia em que eram pedidas, e não na véspera da aula seguinte. Isso ajudava a reter o conteúdo. Se encontrava alguma explicação ou exercício mais complexo, assinalava no caderno ou anotava em uma folha-resumo. Na semana de provas, bastava ler as anotações e refazer os exercícios marcados como difíceis.

Com essa facilidade de aprendizado, foi simples conciliar a vida de nadador com a de estudante. Quando estava no primeiro grau (atual ensino fundamental), no Externato Nossa Senhora Menina, na Mooca, em alguns períodos do ano mal dava tempo para estudar para as provas. Acordava às 4h30, ia para o treino, tomava café da manhã na padaria e ia para a escola. Chegava em casa para o almoço, via televisão por cerca de meia hora, fazia a lição de casa e já saía de casa de novo por volta das quatro. Caminhava durante meia hora até o clube. Conversava e jogava bola com os colegas de equipe por mais meia hora, depois entrava para um treino de três horas. Voltava de carona para casa, jantava e já estava sonhando por volta das 21h30.

Mesmo assim, ia bem nas provas e era tido como um gênio. Enquanto meus colegas de classe tinham olheiras de tanto estudar de madrugada, eu tinha a marca do óculos de natação no rosto bronzeado (meu melhor estilo era o nado costas). Nunca fui o melhor aluno da escola, mas era admirado por estar entre os primeiros sem ter fama de CDF. E quanto mais meus colegas demonstravam admiração, mais crescia minha autoconfiança.

Autoconfiança! Isso foi o resultado que obtive com o conhecimento. E, se autoconfiança era a fogueira, meu pai era a lenha. Embora não pudesse acompanhar meus estudos de perto como minha mãe, fazia marcação cerrada. Quase como um torcedor, sabia o dia em que eu deveria receber o boletim. Eu mal chegava em casa e ele já perguntava:

– E aí, filhote? Como foram as notas?

Confirmadas suas expectativas, saía alardeando para amigos, parentes e colegas de trabalho o sucesso do filho. Ele era mesmo um torcedor – até seus últimos dias de vida foi assim. Nas raras vezes em que eu ligava para a empresa em que ele trabalhava, recebia congratulações da secretária ou de quem quer que atendesse a chamada. Esse orgulho só aumentava a cobrança por resultados, pois cada bimestre escolar criava novas expectativas, mas os assuntos a estudar iam ficando cada vez mais complexos.

Quando terminei o primeiro grau, prestei vestibulinho para o Colégio Anglo Latino, considerado uma boa escola. Fui bem e recebi uma bolsa de estudos de 80%. Parecia sensato estudar lá, com tamanho desconto. Mas a opinião de meu pai era diferente. No Nossa Senhora Menina, onde eu estudava, havia um consenso entre professores e coordenadores de que o melhor colégio de toda a região era o Agostiniano Mendel, no Tatuapé. Só que era caro para nosso padrão de vida e tinha fama de ter uma rotina quase militar, com regras rígidas, simulados frequentes, pressão por notas altas e padrão de ensino considerado dos mais exigentes.

Para meu pai, o objetivo não era que seus filhos estudassem na escola em que tivéssemos maior desconto, e sim na melhor. Cara para a renda da família? Lá foi ele atrás de outro emprego. Passou a trabalhar em Porto Ferreira, cidade a cerca de 250 quilômetros de São Paulo, três horas e meia de viagem que o obrigaram a ficar distante da família de segunda a sexta. Mas esse era o preço a pagar para garantir a melhor educação aos filhos. E, assim, passamos a estudar no Mendel.

Quanto à fama de ter um regime quase militar? Confirmadíssima! O ritmo era mesmo puxado. Mas, mantendo a técnica de devorar conhecimento nas aulas, segui com a mesma estratégia de estudar racionalmente, cuidar do corpo e da mente com o esporte e fazer provas não para ser o melhor, mas um dos melhores.

No segundo ano do colégio, prestei vestibular para duas importantes universidades públicas, USP e Unicamp, e passei com folga. Sem ter concluído o segundo grau, não pude me matricular, mas minha autoconfiança atingia, nessa época, seu ápice. Praticamente deixei de estudar no terceiro ano e tive meus melhores desempenhos como atleta.

Quase não passei no vestibular. Entrei na turma de Engenharia Mecânica da Escola Politécnica da USP na penúltima posição, mas foi o suficiente para recompensar o grande esforço de meu pai: estava em uma universidade pública, uma das melhores do Brasil.

Até aqui, a história parece um conto de fadas, não? Mas, por mais impecável que possa parecer a trajetória, ao entrar na faculdade me bateu uma angústia. Até então, bons professores me diziam o que fazer, e bastava seguir a lição para ir bem nas provas. Ao entrar na faculdade de Engenharia, o primeiro choque foi constatar que os professores não tinham muito interesse em ensinar. As raras exceções tinham as aulas tão concorridas que as salas eram ocupadas por alunos de outras turmas e também veteranos, o que tornava quase impossível conseguir um lugar. Eu poderia chegar cedo, mas dependia de carona para ir à faculdade. Além disso, mesmo que chegasse na hora, havia a garantia normativa de que os alunos da turma efetiva do professor teriam prioridade e uma regra não escrita de que, entre os alunos extras, a prioridade era dos repetentes (meus veteranos). O bom senso me obrigava a respeitar.

Para piorar, dei o azar de não ter sequer um dos bons professores lecionando para minha turma. Sem um guia nos estudos, me senti perdido. A confirmação veio na primeira prova: minha nota foi 0,5, em uma avaliação que valia 10. Um balde de água fria para um aluno não habituado a notas vermelhas.

E foi uma nota ruim atrás da outra. Eu não estava me encontrando na faculdade. As notas melhoraram ao longo do ano, fruto de muito estudo, mas isso ia contra minha natureza. Como ainda gostava da natação, continuava treinando (agora na piscina da USP), contando com as competições do final do ano. As competições chegaram, e coincidiram com a semana de provas. Não me sentia preparado, por isso priorizei o campeonato brasileiro de natação e deixei para fechar o ano na recuperação.

Só não contava com um grande imprevisto: todas as provas de recuperação, de oito matérias (eu não havia fechado em nenhuma), caíram em apenas dois dias seguidos, algumas em horários conflitantes. Não deu. Fui reprovado em seis disciplinas, e logo percebi que precisaria de bem mais do que os quatro anos previstos inicialmente para concluir a faculdade.

Nessa época, aos 18 anos, eu estava completamente desorientado. Me sentia desmotivado, a ponto de ir para a faculdade desanimado tanto para estudar quanto para treinar na piscina. No auge da juventude, já dirigindo o carro de minha mãe, com toda a liberdade com a qual um aluno de escola pública pode contar, eu simplesmente não queria mais estudar. Não queria mais seguir uma carreira. E quanto mais me informava sobre o futuro de minha profissão, mais desanimava. Passava noites imerso em jogos de estratégia no computador (SimCity, um simulador de administração de cidades, era meu favorito).

Nessa mesma época, meu pai atingia o ápice em sua carreira. Como diretor comercial de uma grande empresa de material de construção, era conhecido em todo o mercado em que atuava, ocupava o posto de conselheiro em seu setor na Federação das Indústrias do Estado de São Paulo, recebia propostas para trabalhar em outras regiões do Brasil e era tido como um diferencial para o sucesso da empresa. Preocupado com minha frustração nos estudos, começou a tentar interferir em minhas escolhas de carreira. Nunca havia feito isso antes. Sugeriu que eu entrasse como sócio em uma loja de material de construção, me ofereceu um cargo na área de vendas na empresa em que trabalhava, insistiu que eu considerasse trabalhar com ele. Afinal, ele sabia que, quando bem orientado, eu fazia bem a lição.

Eu não queria. Afinal, trabalhar no setor de materiais de construção significaria entrar no jogo do trabalho estressante, seguir a rotina extenuante de meu pai, e em uma área que eu detestava – era a atividade que tirara a presença paterna de nosso lar.

Apesar desse conflito de interesses, essa foi a fase em que eu realmente me aproximei de meu pai. As intermináveis conversas sobre carreira, escolhas e frustrações fizeram dele meu confidente e mentor. Sagaz, vi no meu pai, pela primeira vez, a figura que hoje é conhecida como coach. Conversando, ele me fazia depurar as ideias e refinar as escolhas.

Meu pai não admitia que eu largasse a faculdade. Como que enunciando uma profecia, repetia sempre:

– Por mais que você não goste, em pouco tempo terá um diploma da USP. Isso vai fazer toda a diferença.

Eu achava esse discurso um tanto hipócrita, mas o mercado de trabalho, a mídia e os processos de seleção de estagiários e trainees diziam que ele estava certo. Por pior que fosse, eu deveria terminar uma boa faculdade. Afinal, foi um diploma universitário que fez meu pai, um cara muito competente, realmente deslanchar na carreira.

Insisti, e até me interessei por algumas disciplinas do curso, mas, frustrado com as perspectivas do mercado de trabalho, cheguei à conclusão de que um diploma de engenheiro não me levaria muito longe. Era o ano de 1993. A economia brasileira ainda era fechada, havia apenas cinco montadoras de veículos no país e os muitos engenheiros mecânicos disputavam vagas diretamente com técnicos que haviam feito seis meses de curso profissionalizante no Senac.

Foi meu pai quem sugeriu:

– Por que você não faz uma segunda faculdade, depois? Os estudos vêm em primeiro lugar. Para mim, é condição de honra que meus filhos sejam bem-formados. Se tiver que ficar em casa mais quatro anos para concluir sua formação, conta comigo!

Essa postura de meu pai me deu grande sensação de segurança, mas, ao mesmo tempo, eu não me sentia no direito de abusar de sua proteção. Como eu estava atrasando a grade curricular em razão da reprovação em muitas disciplinas, tinha bastante tempo livre entre uma aula e outra. Pensei: "Se posso fazer uma segunda faculdade, por que não agora, já que tenho tempo livre?" Um curso de Administração se mostrou como opção para vitaminar meu currículo.

Quando busquei informações sobre o vestibular, recebi um primeiro balde de água fria. Havia perdido os prazos de inscrição do final de 1993. E, com o fim do ano, vieram novas reprovações, agora em três disciplinas.

A essa altura, eu já estava desistindo das competições oficiais de natação. Resolvi estudar para os vestibulares do meio do ano de 1994. Não havia muitas opções, mas uma delas me entusiasmou: o curso de Administração Pública da Fundação Getulio Vargas (FGV). Será que eu não poderia ser um bom prefeito, governador ou ministro? Não. Sentia meu fígado fritar só de me imaginar envolvido com toda a corrupção, a hipocrisia e a exploração típicas da política brasileira. O que me interessava no curso era o fato de ser patrocinado pelo governo do estado de São Paulo. Em outras palavras, era a chance de fazer uma segunda faculdade gratuitamente.

Estudei intensamente durante todo o primeiro semestre de 1994. Isso, porém, me custou a reprovação em mais uma disciplina no curso de Engenharia. Era bem mais fácil estudar os assuntos do vestibular, afinal, eu havia aprendido aquilo com ótimos professores.

Quando chegou a época da prova, uma notícia me apavorou: aquela turma de Administração Pública provavelmente seria a última a contar com subsídios do governo, o que provocara um grande número de inscritos no vestibular. A disputa seria acirrada e só os melhores passariam. Nada bom para quem tinha passado dois anos distante daqueles assuntos... Praticamente desisti de estudar, e só não deixei de fazer a prova para que meus pais não me rotulassem de fracassado antecipado ou covarde. Fiz a prova e tive dificuldades em algumas disciplinas não relacionadas à área de exatas.

O resultado sairia em três semanas. Eu não fazia a mínima questão de esperar pela má notícia da reprovação, então saí de férias. Entre uma viagem e outra, fui visitar meus tios Gildo e Teresa em outra fazenda em que eles estavam trabalhando, em Pratânia, também interior de São Paulo.

Eu acabara de ganhar um jipe de meu pai. Segundo ele, era um estímulo para quem faria duas faculdades. Ir à fazenda seria uma verdadeira diversão, para testar tudo o que o jipe e sua tração 4x4 tinham para oferecer. E foi mesmo! Depois de uma manhã inteira sacolejando entre plantações de eucaliptos com minha mãe e meu tio no jipe, voltamos à casa deles para almoçar e estranhamos ao vermos, de longe, minha tia Teresa acenando na frente da porta.

– Aconteceu algum problema – disse tio Gildo.

Ao nos aproximarmos da casa, que não tinha telefone, minha tia esclareceu:

– Gustavo, um mensageiro passou aqui e disse que seu pai entrou em contato com a sede da fazenda, por rádio, pedindo para você voltar correndo a São Paulo porque foi aprovado no vestibular. O último dia de inscrição é hoje, até as 16 horas!

Gelei. Estava a 280 quilômetros de São Paulo, 10 deles em estrada de terra. Era exatamente meio-dia. Quatro horas para chegar a São Paulo, providenciar documentos, tirar fotos, ir à FGV e fazer a matrícula. Pegamos as malas e partimos, sem almoçar.

Na estrada, foi uma agonia. Com o velocímetro batendo os 120 quilômetros por hora, a temperatura da água do motor começava a subir, me obrigando a tirar o pé do acelerador. Estava dirigindo na velocidade máxima que o jipe suportava. Fomos nesse limite toda a viagem. A cada pedágio, mais aflição: dois ou três carros na frente e o pessoal sempre procurando trocados. Mas, mantendo aquela velocidade média, chegaríamos em casa por volta das 15 horas, o que era razoável. Volta e meia recapitulávamos quais documentos eram necessários para a matrícula e em qual local da casa poderiam estar guardados. Eu suava em bicas e o carro não tinha ar-condicionado. Tudo bem, ia dar certo.

Chegando a São Paulo, porém, deparamos com um previsível imprevisto: trânsito parado na Marginal Tietê. Olhei para minha mãe, desesperado, e a cara de desconsolo dela não ajudou muito. A solução foi recorrer à imprudência: dirigi por acostamentos, cruzei canteiros de flores, cortei caminho por canteiros de obra – desfrutando das funcionalidades de meu carro.

Cheguei em casa, na Mooca, às 15h20. Em cinco minutos já saía em direção à FGV, no Centro, parando no caminho para tirar fotos 3x4 – que ficaram horríveis, dado meu estado lastimável. Durante os 8 quilômetros que separavam minha casa da faculdade, corri, buzinei, avancei semáforos amarelos e abusei da sorte, gastando toda a minha cota da vida. Cheguei à porta da FGV às 15h59. Nem estacionei. Pedi para minha mãe ficar no carro, apesar de ela não saber dirigi-lo.

Esbaforido, perguntei na portaria onde era a matrícula.

– Nono andar, é só pegar um dos elevadores.

O mais próximo dos elevadores estava no nono andar, e não liberavam a porta. Não tive dúvidas: subi correndo a escadaria. Quando estava no oitavo andar, ouvi uma porta bater no lance de escada exatamente acima de mim. Continuei subindo, e deparei com uma porta fechada. Nela, uma plaquinha informava: "Matrículas para o 2º/94 – 9h às 16h, impreterivelmente."

Com minha última gota de esperança, bati à porta. Aliás, pela cara de quem abriu, acho mesmo que eu esmurrei a porta.

– Vim fazer minha matrícula.

A secretária até fez menção de dizer que eu havia perdido o prazo, mas, para meu alívio, um sentimento de piedade a fez ligar o computador novamente.

Na saída, ela ainda comentou:

– Com essa vontade toda, seria uma pena você não estar aqui na escola. Você vai gostar. Tem interesse em comprar um kit bicho?

Kit bicho era o nome dado ao conjunto de camiseta, boné e adesivo da faculdade, que era vendido pelos veteranos para arrecadar fundos para o diretório acadêmico. Àquela altura, eu compraria qualquer coisa.

Um mês depois, eu iniciava o curso de Administração Pública na FGV, com a intenção de incluir a maior parte das disciplinas no período da tarde e continuar frequentando a maior parte das aulas da Escola Politécnica pela manhã. Mas que diferença! Na Administração, voltei a encontrar professores apaixonados pelos assuntos que lecionavam. Eram profissionais muito bem-sucedidos em suas áreas e que faziam questão de ensinar, não simplesmente mandar estudar apostilas repletas de letras gregas. Precisei de apenas uma semana de aula para perceber que minha vocação estava na Administração, e deixei de ir às aulas na USP.

Em casa, tive que dar a notícia de que abandonaria a Engenharia com cuidado, pois, tanto para minha mãe quanto para meu pai, o diploma da USP era o mais importante, e eu já havia cursado três anos. Não consegui convencê-los, então, para não desanimá-los, apenas tranquei a matrícula, deixando a esperança de que voltaria em até dois anos. Mas nunca voltei, e me dediquei intensamente à Administração.

Fascinado com o curso, eu devorava as aulas. Estava apaixonado. A cada disciplina, me imaginava trabalhando profissionalmente naquela área, me relacionando com pessoas ambiciosas e bem-sucedidas como meus professores, colocando em prática cada gota do precioso ensinamento que adquiria em sala de aula. Era assim com Marketing, Recursos Humanos, Economia, Estatística, Administração Geral, Sociologia e até História, a disciplina que tinha me rendido uma nota vermelha na escola.

A única exceção era Finanças Públicas. Como a aula era às quartas-feiras logo após o almoço, e eu comia feijoada na padaria nesses dias, o rango pesava e eu desabava na aula, dormindo do começo ao fim. Professor Henrique Fingermann que me perdoe, mas a culpa não era sua.

Depois de dois anos de faculdade, eu já lecionava inglês para ganhar uns trocados e fazia estágio no laboratório de informática da faculdade. Já tinha feito um estágio de seis meses em uma autarquia, a Imprensa Oficial do Estado de São Paulo. Grande escola, mas que não permitia estender o estágio até o fim do curso e garantir um emprego. Ainda não sabia que rumo daria à minha carreira, pois o curso de Administração proporcionava múltiplas possibilidades e eu gostava de todas elas. Poucas semanas depois de começar meu segundo estágio, uma ligação telefônica mostrou que a profecia de meu pai estava se concretizando.

Era da área de recursos humanos do Citibank. A pessoa tinha meu currículo nas mãos e me perguntou:

– Você estuda na FGV? Fez Poli? Seu currículo nos interessa, gostaríamos que viesse fazer uma entrevista.

Caramba, no Citibank! Meu pai tinha conta-corrente no banco e sempre falava da admiração que tinha pela empresa, que eu deveria tentar trabalhar lá. A multinacional era tida como uma grande escola, grande oportunidade, mas... eu nem havia me inscrito no programa de trainees. Como era possível? Estaria sonhando?

À noite, liguei para meu pai para dar a boa notícia, e ele me contou:

– Puxa, eles são rápidos mesmo! Deixei seu currículo com minha gerente na semana passada.

Eu não acreditava no que estava ouvindo. Tinha esquecido que pedira a meu pai para levar meu currículo aos contatos dele.

Na entrevista com Mário Praxedes, o melhor chefe que já tive, ele foi sincero:

– Você não está sendo contratado pelo que sabe, mas pelo que não sabe. Aqui no banco, sete em cada dez funcionários são engenheiros, e são eles que fazem tudo. Há também advogados, economistas, faxineiros, seguranças e até administradores. Sabe qual o papel do administrador? Não entender o que o engenheiro fez e perguntar, para que ele possa fazer melhor. Estamos contratando você porque os alunos da FGV são bons perguntadores.

Caramba! Nunca imaginei que seria contratado apenas pelo rótulo. Mas, com o tempo, descobri que Mário Praxedes, o Praxa, era uma das pessoas mais sarcásticas e irônicas que já existiram na face da Terra. Cada comentário dele tinha uma dose de brincadeira e um grande ensinamento.

Ainda no dia da entrevista, Praxa disse também que eu estava ali porque meu currículo tinha chegado por indicação e que aquela era a única forma de contratação de estagiário para um projeto especial que eles iriam desenvolver. Motivo: o projeto não era do Citibank Brasil, mas do Citi New York. Meu primeiro estágio seria em uma empresa estrangeira. Antes mesmo que eu esboçasse uma comemoração, fui contido por uma ressalva:

– Isso significa que, quando terminar o projeto, você não terá expectativas de continuar na empresa. Você será uma espécie de prestador de serviços, sem qualquer tipo de vínculo.

Foram dois anos de trabalho muito interessante e muito aprendizado, que se encerraram a seis meses de eu concluir a faculdade. Quando me formei, estava desempregado, apesar de já ter um currículo excepcional: ex-aluno da USP, formado em Administração pela FGV, estágio em uma importante empresa pública e em uma das mais importantes empresas americanas. Pela minha formação, passaria com certa tranquilidade em um concurso público, mas não havia nenhum em vista.

Como não sabia o que fazer, segui o conselho de meu pai: estudar mais, para fortalecer ainda mais o currículo. Decidi, então, que iria fazer um mês de intercâmbio no exterior, pois, apesar de já ter lecionado inglês, sentia grande deficiência na fluência do idioma.

Nessa época – 1998 –, eu já namorava a Adriana, meu primeiro e único amor. Nos conhecemos em 1994, que foi quando ela começou a trabalhar, logo após perder a mãe. Começamos a namorar no ano seguinte. Ela não tinha faculdade, e eu a estimulei a cursar Administração em 1996. Em 1998, quando me formei, a carreira dela ia de vento em popa graças à faculdade e a uma boa oportunidade de emprego que surgiu em função dela.

Estávamos apaixonados, sempre comemorando juntos cada conquista. Eu a levava cedo ao trabalho, ia buscar à noite na faculdade, ajudava a preparar a marmita do dia seguinte. Fazíamos vários planos. Juntamos grana para ir a shows, viajar com amigos nos finais de semana e para cultivar uma curiosa tradição: jantar fora toda sexta-feira, sem jamais repetir o restaurante. Na metrópole em que vivíamos, dava certo, mesmo que todos os jantares fossem bem econômicos – alguns se limitavam a um cachorro-quente de barraquinha.

Minha ideia de fazer um mês de intercâmbio no exterior, porém, gerou um grande desconforto na Adriana. Nosso relacionamento ia tão bem, tão intenso, e, de repente, eu sumiria do mapa por um mês? Parecia que isso não ia nos fazer bem. A solução foi apertarmos o cinto e juntarmos grana para viajarmos juntos para o Canadá. A grana dela não dava, então eu contribuí mais. Sentia que aquele relacionamento era definitivo.

Na volta ao Brasil, ainda no caminho do aeroporto para casa, meu pai comentou que a Receita Federal acabara de anunciar um concurso público para a função de auditor fiscal – o que poderia haver de melhor em termos de início no serviço público para a minha formação. Teria dois meses para me preparar, por isso tratei de me inscrever em um cursinho. Comecei as aulas apenas dois dias depois de voltar de viagem.

Estava entusiasmado. Eu não me imaginava disputando cargos em uma carreira convencional, e um emprego público me traria estabilidade e tranquilidade bastante desejáveis àquela altura. Abominava a política, mas não me incomodava muito com a ideia de ter um trabalho burocrático, afinal, eu não era exatamente apaixonado por trabalho. Tinha 24 anos e fama de fiscal da natureza (rótulo dado, quem diria, pela Adriana), pois até então só tinha dois carimbos de estágio em minha carteira profissional – o que não mudou até hoje. Estudei ferrenhamente durante aqueles dois meses, indo a fundo nas matérias de que gostava, deixando para perto da prova aquelas que exigiam maior memorização.

Me inscrevi no concurso do Paraná, que diziam ser mais fácil de passar do que o de São Paulo, apesar da alta probabilidade de eu ter que começar a carreira vasculhando porta-malas de sacoleiros na fronteira com o Paraguai. "Tudo bem, serão dois anos de sacrifício, para depois mudar. Meu pedágio para uma carreira tranquila."

A uma semana da prova, porém, minha vida mudou em razão de mais um telefonema. José Roberto Securato Júnior, ex-colega de classe na Poli e na FGV, me perguntou se eu estava trabalhando, e comemorou quando eu disse que não, apesar de estar estudando para um concurso.

– Preciso muito da sua ajuda. Estou trabalhando em uma empresa de consultoria que faz avaliações do valor de empresas e estamos precisando de alguém para fazer os laudos das análises. Sempre tiramos nota 10 nos trabalhos que fizemos na FGV, e você escreve bem. Topa fazer esse trabalho durante a próxima semana?

– Desculpa, Zé, não posso ajudar. Tenho um concurso no outro sábado, só falta estudar Direito Constitucional, e eu dediquei essa semana para a matéria. Além disso, não sei fazer avaliações de empresas. Dormi nas aulas de Finanças Públicas e não cursei Finanças Empresariais, que era disciplina facultativa.

– Gustavão – ele sempre me chamou assim –, você não tem noção da importância desse projeto. Direito Constitucional você tira de letra, é só decoreba. Preciso muito da sua ajuda, e a consultoria paga bem. Você não topa mesmo?

Não soube dizer não a um amigo. Esse sempre foi meu ponto fraco, até poucos anos atrás. Além disso, estava formado havia três meses e sem trabalhar, só aproveitando a segurança fornecida por meus pais. "Pagar bem" fazia muito sentido para mim. Eu podia estudar à noite a matéria que faltava e assumir o trabalho de dia.

Chegando ao escritório, não tive muito tempo para apresentações e já comecei a trabalhar. Tinha que entender as planilhas que os consultores financeiros tinham feito, e o Zé se esforçava em me explicar. Mas eu entendia pouco daquilo. O diretor da consultoria, Carlos Atushi Nakamuta – um dos dois grandes mentores que tive no mundo das finanças –, sugeriu que eu me baseasse em outros laudos e que perguntasse o que não fosse de meu entendimento, para que eu pudesse explicar melhor com minhas próprias palavras. Segundo Atushi, eles estavam sendo cobrados para apresentar laudos menos técnicos, mais didáticos, que pudessem ser transcritos sem muitos ajustes para o relatório de administração de um grande banco.

Uma pressão e tanto para um novato como eu! Pesquisei outros laudos, estudei em livros, perguntei a amigos e comecei a escrever. Não demorei a perceber que o trabalho seria muito maior do que eu imaginava. Felizmente, Atushi era extremamente paciente para explicar conceitos e me ajudar a localizá-los nos livros. Era o jeito que eu gostava de aprender. Naquela semana, varei duas noites sem dormir, trabalhei uma média de 17 horas por dia e concluí o laudo no limite do prazo, às 16 horas de sexta-feira.

Voltei para casa com a sensação de missão cumprida, mas exausto e com um frio na barriga. Será que o laudo tinha ficado bom? Tomei um banho, arrumei as malas para viajar ao Paraná e peguei as apostilas de Direito Constitucional, pois só me restara o sábado para estudar. A prova seria no domingo.

Em Curitiba, sozinho no hotel, o cansaço da semana de trabalho intenso não permitiu que eu me concentrasse nos estudos. Preferi descansar, para preservar meu cérebro para o dia seguinte, e não estudei. Para minha desgraça, Direito Constitucional foi a primeira disciplina do meu caderno de provas, o que me deixou bastante ansioso. Fiz a prova com muita atenção, sabendo que teria que ir bem em todas as matérias. Eram 240 questões, apenas 12 de Direito Constitucional, mas eu precisava acertar pelo menos quatro dessas para não ser eliminado.

No final do dia, conferindo o gabarito, o chão se abriu abaixo de mim. Comecei conferindo Direito Constitucional, e logo vi que tinha acertado apenas duas questões. Estava fora do concurso. Não quis falar com ninguém quando cheguei em casa.

Na segunda-feira, a dor só aumentou: pelo anúncio oficial, foram aprovados os candidatos que acertaram no mínimo 200 questões. Eu havia acertado 198! Se tivesse estudado e acertado apenas mais duas questões de Constitucional, estaria comemorando uma vida nova. Em lugar disso, só me restava lamentar. Tudo por não saber dizer não a um amigo...

Nesse turbilhão de sentimentos, recebi uma ligação do Zé. Atendi contrariado.

– Como foi no concurso? – perguntou ele.

– Me ferrei, não passei por duas questões e errei quase todas de Constitucional...

As palavras de ânimo dele não foram das melhores:

– Pô, cara! Constitucional é tão fácil! Por que você deixou para estudar de última hora?

Eu estava quase jogando o telefone na parede, quando ele me interrompeu com um tom de voz animado:

– Tenho ótimas notícias! Agora há pouco o superintendente do banco ligou para parabenizar a consultoria pelo grande avanço no padrão do laudo. Ficou tão contente que já encomendou mais dois. Estamos te esperando aqui para trabalhar. Você pode vir hoje?

Eu não tinha muita escolha. Precisava seguir em frente. Pedi a ele que passasse a ligação ao Atushi, nosso diretor, a quem pedi apenas que me desse a tarde de descanso. Estaria lá na manhã seguinte, bem cedo.

Foi assim que comecei no mundo das finanças. Não porque entendesse do assunto, mas porque sabia aprender, não sabia dizer não e tinha humildade para reconhecer minha ignorância no assunto. Em uma entrevista para o Jô Soares em 2008, ele chegou a sugerir que minha carreira era o triunfo da irresponsabilidade, pois aceitei fazer algo que não dominava. Expliquei que era, na verdade, o triunfo da necessidade, pois eu realmente estava sem dinheiro e precisava trabalhar.

Sinceramente, não gostava do que fazia. Finanças não é um assunto para se apaixonar da noite para o dia. Fazia porque era bem-pago (ganhava por hora e me dispunha a varar noites) e porque sabia que era algo temporário, afinal, não perderia outro concurso público. E fazia o melhor possível, pois, por não ter formação naquela área específica, me sentia permanentemente ameaçado.

Poucos meses depois, o então presidente Fernando Henrique Cardoso anunciou que suspenderia novos concursos até o final de seu governo. Mal tive tempo de lamentar a notícia, pois na mesma época fui convidado pelo pai do meu amigo Zé, o José Roberto Securato, da cadeira de Finanças na USP, a integrar um grande projeto de avaliação de empresas de geração de energia hidrelétrica, conduzido pela universidade.

Securato foi meu segundo grande mentor na carreira. Ele não tardou a perceber que eu levava jeito para tratar de assuntos complexos de maneira didática e me contratou para fazer parte do corpo de consultores da Fundação Instituto de Administração (FIA), então vinculada à USP. Comecei fazendo laudos, depois coordenei pequenos projetos de consultoria e fui assumindo, aos poucos, a coordenação de pequenos cursos de especialização e de consultorias maiores. Comecei a viajar bastante como consultor da FIA/USP. Dois anos depois de formado, assumia aulas em cursos rápidos de Finanças para Profissionais Não Financeiros e fui convidado a cursar o mestrado na USP. Um diploma de mestre seria a chancela para lecionar em MBAs.

Quando concluí o mestrado, já dava aulas em seis MBAs. Lecionar era gratificante, mas o assunto era denso. Cresci na carreira motivado pela remuneração e pelo intenso reconhecimento, pois ainda não me sentia feliz com o que fazia. A única coisa que realmente me agradava era o resultado de certa insubordinação que eu assumira para tornar minhas aulas mais agradáveis. Como eu lecionava para um público que não era de financeiros, não suportava a ideia de ter que seguir o currículo tradicional de uma aula de contabilidade ou de análise de balanços. Eu não curtia o assunto quando aprendi, então imaginava que os alunos não estariam nem aí para minha aula se eu seguisse a mesma receita. Para piorar, minhas aulas eram sempre nos piores horários, pelo fato de eu ser o professor mais jovem da equipe: sábados à tarde, sextas-feiras à noite, dias de jogo da Seleção Brasileira e vésperas de feriado eram minha rotina.

Para não ter uma debandada geral, eu anunciava que a aula seria baseada na declaração de imposto de renda dos alunos e que cada um deveria levar a sua. Ensinava análise de balanços contábeis de empresas me baseando no balanço de pessoas físicas, que nada mais é do que o relatório da declaração de imposto de renda. Na prática, ensinava finanças corporativas a partir de exemplos de finanças pessoais.

Nos intervalos das aulas surgiram as primeiras consultorias informais. Em pouco tempo meus alunos me indicavam para amigos e parentes, então comecei a cobrar pelo serviço. A essa altura, minha agenda já estava esgotada, e comecei a selecionar trabalhos, descartando as aulas de que não gostava e assim alocando agenda para consultorias pessoais, fora da faculdade.

Em 2002, quatro anos depois de formado na FGV, fui convidado a dar aulas de finanças pessoais para funcionários de algumas empresas. A apostila que criei para esse curso se transformou em meu primeiro livro, *Dinheiro: Os segredos de quem tem* (Sextante), lançado originalmente em 2003. Nele, eu explico o passo a passo para eliminar erros frequentes nas finanças das famílias e também como estruturar um plano para alcançar a independência financeira. Seria mais um livro de matemática financeira, não fosse minha preocupação em adotar uma linguagem extremamente didática. E seria mais um entre os milhões de títulos de autoajuda nas livrarias, não fosse um diferencial que criei graças à orientação de meu pai: meu currículo.

Com meu conhecimento, não foi difícil escrever um livro com conceitos de matemática financeira básica, economia, psicologia e sociologia. Somente perto de completar 30 anos fui perceber que os bons hábitos de leitura da infância – mérito de minha mãe – contribuíram para uma boa redação, o que me ajudou a passar facilmente nos vestibulares e a conquistar meu primeiro emprego. Percebi que levava jeito para escrever e que poderia até publicar um livro. Com a orientação dos meus editores, não foi difícil adaptá-lo a uma linguagem extremamente popular, pois eu queria que o adotassem em cursos para todos os tipos de público – foi José Roberto Securato quem me transmitiu essa visão empreendedora da educação.

Todos os dias, os jornais, rádios e revistas recebem centenas de releases de lançamentos de livros. Quando lancei o meu, finanças pessoais não era um assunto que entusiasmava o público. Autoajuda também era um gênero desgastado, que não motivava a imprensa. Mas quando a mídia viu um livro de autoajuda financeira publicado por um mestre da USP e vendido a preço popular, quis saber do que se tratava. Foi nesse momento que me senti verdadeiramente recompensado pelo esforço de meu pai. Mesmo me sentindo um fiscal da natureza, segui seu conselho de estudar e honrei os sacrifícios que ele fez para me dar a melhor educação possível. Eu ainda não sabia se o livro era realmente bom, mas o fato de ter um currículo sólido estava abrindo as portas da imprensa para que eu fosse ouvido e para que minhas ideias fossem semeadas entre um público amplo.

Não faltaram pedidos de entrevista. A cada um que eu atendia surgiam outros dois. Nem todos eram relevantes, mas não desprezei nenhum. Para um professor acostumado a lecionar para 30 a 35 alunos, dar uma entrevista a um jornal com 10 mil leitores era uma honra. E, obviamente, também uma oportunidade.

Com o reconhecimento público, surgiram convites para ministrar palestras para plateias maiores. Assim, com o passar do tempo fui selecionando cada vez mais os trabalhos que aceitava, a ponto de abandonar as consultorias e as aulas presenciais e hoje viver praticamente dos livros, da geração de conteúdo e de cursos on-line, preparados em casa. Faço o que quero e amo, quando quero, e colho muito respeito por meu trabalho. Também consigo equilibrar minhas rotinas profissional e familiar, tirando pelo menos três meses de férias por ano.

Sinceramente, não acredito que o estudo formal seja condição essencial para prosperar, pois conheço inúmeros casos de pessoas com pouco estudo que, com criatividade, empreendedorismo, disciplina e força de vontade (todos esses ingredientes necessariamente juntos), tiveram muito sucesso, seja nos negócios, seja em outras áreas. Samuel Klein, fundador das Casas Bahia, e Silvio Santos são dois bons exemplos.

Mas meu pai pensava diferente, e adotou a formação dos filhos como uma verdadeira missão em sua vida. Hoje, conhecendo os caminhos da riqueza percorridos pelos que são bem-sucedidos, vejo que a ambição de meu pai de nos dar a melhor educação simplesmente fez com que a prosperidade entrasse em minha vida por caminhos mais previsíveis e seguros. Meus diplomas me inseriram no mundo empresarial, e também me permitiram sair dele ao me credenciarem para ser ouvido pela imprensa de massa.

Todo o conhecimento formal que adquiri na graduação e no mestrado foram importantes para me consolidar nos degraus que escalei para chegar até aqui, mas, curiosamente, hoje esse conhecimento me faz pouca diferença. Os estudos foram importantes para abrir portas, me credenciar para aproveitar mais oportunidades. Meu esforço foi fundamental para manter essas portas abertas por tempo suficiente. Depois disso, pude descartar títulos, honrarias e horas-aula para passar a ser o condutor do meu destino. Meu trabalho de hoje me satisfaz e me remunera bem, mas não me exige muito esforço. Ou, quando exige, é porque é muito recompensador, em todos os sentidos, o que me leva a realizar grandes e complexos projetos de tempos em tempos. Nada disso seria possível sem a dedicação aos estudos. Obrigado, pai, por esse precioso conselho!

O CONSELHO QUE MEU PAI DARIA A VOCÊ

Se há um investimento que jamais traz perdas, é aquele feito em conhecimento. Não se acomode jamais. Se sua carreira está estagnada, aproveite a estabilidade, antes de procurar outro emprego, para buscar cursos de aperfeiçoamento que incrementem seu currículo. Isso o ajudará a ter bom desempenho em entrevistas.

Eu sei que há pessoas que se sentem bem em estudar, assim como há aquelas que simplesmente abominam essa ideia. Não ter estudo formal é uma coisa, mas não estudar pode condená-lo ao fracasso. Importante mesmo é você encontrar a sua maneira de aprender.

Se o conselho "estude" lhe traz arrepios, adapte-o para algo que lhe seja agradável. Afinal, estudar é, em essência, adquirir conhecimento. Para isso, sugiro algumas alternativas:

- Leia livros
- Informe-se
- Seja curioso (e jamais se finja de sabido diante de uma ideia pouco clara)
- Busque sempre o conhecimento
- Envolva-se nos assuntos e atividades que lhe interessam
- Faça um curso de algo de que você goste, mesmo que não tenha relação direta com sua carreira

Conhecimento nunca é demais. Os profissionais que se dão bem mesmo sem estudo podem não possuir diplomas, mas certamente possuem conhecimento. E é nesse ponto que eu quero chegar. Você jamais vai adquirir conhecimento se não mudar ou ampliar suas fontes de informação com alguma frequência.

É por isso que uma das minhas sugestões é fazer um curso de algo que lhe dá prazer. Não pelo conteúdo, mas pela oportunidade de aprender a aprender.

Caso você não tenha percebido ao ler minha história, um dos pontos-chave do meu sucesso no colégio foi contar com professores

Os profissionais que se dão bem mesmo sem estudo podem não possuir diplomas, mas certamente possuem conhecimento.

gustavocerbasi

com estilo de ensino adequado à minha maneira de estudar. Hoje, como pai de três filhos, percebo que cada um deles tem um jeito próprio de aprender. Um ou outro terá dificuldades em determinadas escolas, e meu papel não é impor que se saiam bem nos estudos ignorando suas individualidades. Devo encontrar uma instituição com um método de ensino que seja agradável e adequado a cada um dos meus filhos (mesmo que isso os divida em diferentes escolas) e acompanhá-los para que valorizem os estudos e se dediquem. É essa minha missão como pai no processo de formação deles.

Tamanha é a importância que credito ao primeiro Bom Conselho de meu pai que não acho exagero considerar a educação um investimento. É improvável que você não colha bons dividendos de um curso, a não ser que escolha um muito ruim ou que não tenha nada a ver com suas necessidades.

Se você acha que ganha pouco e tem sérias dificuldades em administrar os recursos e poupar, pare de tentar administrar pobreza. Corte ou reduza radicalmente algum grande item de consumo, como automóvel ou moradia – mudando-se para um apartamento menor, por exemplo –, e aproveite alguns meses de contenção para fazer um curso de pós-graduação ou especialização que realmente reforce seu currículo e aumente sua empregabilidade.

Como eu disse, não acredito que o conhecimento formal seja suficiente para fazer de você um ótimo profissional, mas diplomas abrem portas e lhe dão a chance de ser ouvido e mostrar serviço. Sem essa chance, o melhor profissional do mundo pode não ser percebido e ter uma carreira medíocre.

Saiba, portanto, explorar o aprendizado tanto pelo conteúdo quanto pelas credenciais que ele lhe oferece.

BOM CONSELHO Nº 2
Viva. Não permita que o trabalho tome conta de sua vida.

(Tommaso Cerbasi)

Desde cedo, todas as minhas escolhas profissionais foram balizadas pela influência que teriam não em minha carreira, mas em minha vida pessoal, minha família e minha saúde. Aprendi isso com meu pai, mas não pelos caminhos óbvios.

Se o Bom Conselho número 1 era o estudo, talvez o natural seja você pensar que o trabalho também estaria entre as recomendações prioritárias de meus pais. Para minha felicidade, nunca esteve. Trabalho foi prioridade na vida de meu pai, sem dúvida, porém ele nunca fez questão de passar para os filhos o exemplo de *workaholic*. Ou, se fez, não conseguiu. Seu principal argumento para nos convencer da importância do estudo era que o conhecimento nos daria a oportunidade de fazer boas escolhas na vida – mesmo que a escolha fosse trabalhar menos.

No entanto, nitidamente, muitas de suas escolhas pessoais foram guiadas por um fator profissional. Casar, por exemplo, foi uma decisão tomada pelos meus pais em pouco tempo, logo que meu pai recebeu o convite para trabalhar com vendas no Sul do Brasil. Ou iam juntos, ou acabava o relacionamento.

A família era importante para ele, desde que funcionasse como uma empresa. Ao menos era o que ele deixava transparecer em seu discurso. Se minha mãe esquecia de repor um item da despensa, ouvia: "Em uma empresa, se faltar uma peça no estoque, a produção para." Se eu ou minha irmã íamos mal na escola, era "Nas empresas não teria prova de recuperação". Se eu não respondesse a um chamado: "Na empresa, seria demitido por insubordinação." Se eu não soubesse o que fazer da vida: "Na empresa, não teria alguém para decidir qual é sua função."

Aquilo irritava. Em vez de me estimular a adotar um comportamento compatível com o que esperariam de mim em uma empresa, estava me tornando cada vez mais inseguro em relação ao supostamente horrível ambiente de trabalho. Percebíamos, em casa, que pensar em trabalho 24 horas por dia não fazia bem a meu pai. Não fazia bem à família.

Mas o ser humano aprende por caminhos diversos. Algumas lições se dão pelos erros dos outros. Esse é o caso do Bom Conselho número 2. Segundo meu pai, valorizar o trabalho e o conhecimento era caminho certo para o sucesso. Como ele vinha sendo bem-sucedido na carreira, sendo promovido e ganhando cada vez mais, era improvável que estivesse errado.

Mas os apelidos dados por seus colegas de trabalho deixavam claro que ele era um cara estressado, que passava dos limites. Não raro, chegava em casa falando alto, ralhando com os filhos e sem paciência para conversar. Esquecia o carinho tão necessário para aqueles que o aguardavam ansiosamente na porta de casa, principalmente após cinco dias de ausência. Minha mãe, uma verdadeira santa, servia de colchão entre os estouros de meu pai e os filhos.

– Papai teve uma semana difícil. Vamos descansar e amanhã a gente conversa com ele, pode ser?

E lá ia eu dormir sem falar com o Sr. Putaqueopariu – expressão que ele soltava com frequência, sem a intenção de usar seu significado literal. No dia seguinte, lavando o carro com ele de manhã, tudo parecia normal e tranquilo, tínhamos o carinho esperado. Eu não conseguia parar de pensar: "Por que tanto nervosismo em um dia, tanta tranquilidade em outro?" Não era possível que o trabalho fizesse bem ao meu pai.

Uma das consequências desses questionamentos foi minha insegurança quanto às escolhas iniciais de carreira. Até concluir a escola, eu tinha certeza de que não queria trabalhar. Lembro quando prestei meu primeiro vestibular pra valer (até então, havia sido aprovado para cursos concorridos, em várias faculdades de engenharia de primeira linha, mas ainda não era formado; era o que se chamava na época de vestibulando treineiro, não podia me matricular). Na hora de me inscrever, não sabia qual faculdade escolher. Estava em dúvida entre Engenharia, já que eu era bom em exatas; Educação Física, já que era bom atleta; e Administração, que, na minha cabeça ingênua, era o curso de quem não sabia o que queria da vida. No último dia de inscrição, faltando cinco minutos para fechar a agência do Banespa (onde as inscrições da Fuvest eram feitas), eu ainda não sabia qual curso escolher. Estava perdido. Pensando o que mais orgulharia meus pais, optei por Engenharia na USP.

Em poucos dias de aula, vi que não seria tão fácil quanto imaginava. Nas aulas de física da escola, as equações tinham duas ou três variáveis, e eu só tirava 10. Na faculdade de Engenharia, a mesma equação se desdobrava em complexas integrais de derivadas de um monte de letras gregas, o que não fazia sentido para mim. Habituado a tirar 10 no colégio, tive que lidar com a frustração daquela nota 0,5 em minha primeira prova de física na faculdade. Descobri que teria que estudar muito, mas muito mesmo. Para mim, isso equivalia a trabalhar muito, como meu pai. A cada aula, professores diziam que a profissão de engenheiro exigiria estudos intensos durante toda a carreira. Caramba, aquilo não podia ser bom... Logo eu, que achava que tinha vocação para vagabundo?

Exatamente nessa época, meu pai estava no auge da carreira, havia conquistado sucesso e admiração em seu ramo e vivia uma fase de grande prosperidade. Mas pagou um preço alto, comum entre aqueles que vivem como ele: a saúde se deteriorou em consequência do estresse, e a falta de cuidados com o corpo o levou à necessidade de um transplante de rim em 2001. Quase o perdemos, e o choque da possibilidade da morte precoce aos 57 anos mexeu com ele. Foi quando decidiu se aposentar e mudou radicalmente de vida. Nos 14 anos seguintes, até partir, ele desfrutou mais da família do que durante todo o meio século de vida anterior ao transplante. Com a chegada de cinco netos, em seus últimos oito anos, viveu sua melhor fase.

Seu discurso mudou.

– A gente trabalha que nem uns loucos, não percebe o tempo passar e, de repente, se vê diante do fim da vida.

Essa frase dele me aterrorizou. Então, meu raciocínio estava correto desde o início. Não fazia sentido mesmo trabalhar e se estressar tanto quanto ele! No caso do Bom Conselho número 2, fiz uma escolha que foi o contrário da prioridade de meu pai, aprendendo através do exemplo do erro que ele cometeu e, especialmente, do preço que pagou – com sua saúde.

A essa altura, já estava bem enraizada em minha mente a ideia de que, não importava o caminho que escolhesse, eu deveria buscar o equilíbrio. Ou que, sendo o equilíbrio inviável ou o desequilíbrio inevitável, deveria fazer de tudo para que isso não se prolongasse. Foi desse sentimento, aprendido com erros e exageros de meu pai, que nasceu uma das estratégias determinantes para que eu conseguisse moldar meu atual estilo de vida.

Enquanto muitos profissionais fazem escolhas buscando solidez e estabilidade, eu as faço buscando depender cada vez menos do trabalho, do diploma ou da "empresa". Quando decidi aceitar o convite para prestar consultoria financeira, via aquilo como uma oportunidade de aprendizado com data para acabar. Quando aceitei o convite para dar aulas, idem. Quando fui convidado a cursar um mestrado, via aquilo como uma provação temporária para um trabalho que um dia descartaria, não como um passo a mais na longa escada da pesquisa científica.

Em essência, minha estratégia sempre foi mergulhar intensamente nos projetos que assumia, aproveitar ao máximo o aprendizado que poderia obter e, quando tivesse a agenda saturada e começasse a ser convidado para atividades novas, começar a abandonar, gradativamente, a etapa anterior.

Esses pensamentos estavam sempre no meu íntimo, mas eu preferia acreditar que era apenas uma insegurança minha, e ia dando meus passos profissionais segundo sugestões de meus mentores. Até decidir que seria escritor e consultor de conteúdo em educação financeira, em 2009, e influenciador digital e professor/consultor on-line, em 2016, nunca consegui enxergar minha carreira um ano além de onde estava. Sempre queria mudar, abandonar, aliviar. Me esforçava muito para ser bem-sucedido e galgar rápido os degraus, imaginando que isso me faria chegar mais cedo ao topo, onde poderia fazer escolhas sem prestar contas para muita gente.

Deu certo. Descobri que esse era o caminho percorrido por muitos profissionais, de diferentes áreas de atuação. Nas empresas (hoje eu conheço pessoalmente centenas delas, para orgulho de meu pai, onde quer que ele esteja), os melhores vendedores se tornam gerentes e deixam de vender. Nos restaurantes, os melhores chefs decidem abrir a própria casa e param de cozinhar. Os jornalistas que mais ralam viram editores e deixam de fazer matérias.

Eu já fui um dos melhores consultores da minha equipe, um dos professores mais homenageados da minha escola e um dos conferencistas que mais palestras ministraram no Brasil em um ano, sou o autor que mais vende livros em meu segmento, tenho um dos mais bem-sucedidos cursos on-line de planejamento pessoal e não procurei usar esses méritos para consolidar uma carreira, mas para me transformar e evoluir dentro dela e substituir meus negócios buscando caminhos cada vez mais eficientes. Um obcecado pelos negócios teria a vontade de conquistar o mundo e ocupar todos os espaços, montar um negócio bilionário com milhares de empregados. Eu só quero prestar meu serviço, que é transformar vidas para melhor, para o maior número possível de pessoas sem que elas dependam de mim por muito tempo. Quanto mais pessoas eu alcançar com menos esforço, mais realizado estarei.

Confesso que, até alguns anos atrás, teria vergonha de falar desse meu desapego pelo trabalho, mas hoje, depois de muito estudar sobre os processos de enriquecimento, descobri que, intuitivamente, estava seguindo um dos corolários essenciais em finanças pessoais:

Quem trabalha demais não tem tempo para ficar rico.

Como minha intenção não era me acomodar na carreira, mas me desapegar dela, jamais deixei de incluir em meu planejamento limites para os sacrifícios. Aceitei trabalhar até de madrugada, mas pude deixar o trabalho quando isso virou rotina. Aceitei dar aulas aos sábados, mas corri atrás de alternativas àquele estilo de vida insano. Aceitei proferir oito palestras em uma só semana, em cinco estados diferentes, mas estabeleci limites para deixar de aceitar todo e qualquer trabalho. A cada semestre, dedico-me intensamente às dúvidas dos alunos do meu curso on-line Inteligência Financeira, mas também garanto ao menos 45 dias de descanso quase absoluto.

A cada mudança de carreira, eu começava a nova fase sempre em um ritmo bem mais tranquilo ou mais prazeroso do que o que tinha na etapa anterior. Com isso, conseguia planejar minha vida, minhas férias, minhas finanças e minha carteira de investimentos.

Como fui experimentando diferentes trabalhos ao longo de meus mais de 20 anos de carreira, pude selecionar o que mais me agradava. Apesar de não gostar de lecionar contabilidade, peguei gosto pelas aulas quando concentrei minha agenda em cursos de análise de balanços – uma versão avançada da contabilidade que é a base dos investimentos em ações. Apesar de não gostar de aeroportos e dos voos desconfortáveis aqui no Brasil, aprendi a assumir uma agenda que me permitisse conviver de forma saudável com esses voos. Hoje, não há melhor lugar do que a cabine do avião para escrever um artigo, revisar um roteiro ou ler um livro.

Eu gostava da época em que minha carreira mudava todo ano, mas, à medida que fui gostando das atividades que assumi, comecei a trabalhar com mais prazer. Hoje, palestro nos lugares que quero, quando quero e sobre os temas de que gosto. Recuso trabalhos que não me atraem, pois sei que meu desempenho surpreende as pessoas quando estou mais motivado. Escrevo muito, tanto livros quanto artigos. Dedico-me intensamente a entrevistas, às redes sociais, a programas de rádio e a diversas outras atividades fascinantes.

Nos últimos anos, participei de campanhas publicitárias na TV e na internet, fui colunista das publicações que mais admiro, participei de eventos interessantes, dei consultoria para os maiores bancos do país, tive meu maior best-seller adaptado para o cinema, palestrei em todos os estados do Brasil, fui colaborador de um programa líder de audiência na televisão aberta, lancei livros em vários países, lancei o jogo de tabuleiro Renda Passiva, formei centenas de consultores financeiros, fidelizei milhões de seguidores em minhas redes sociais e tive mais de 1 milhão de alunos no Masterclass Inteligência Financeira, o módulo gratuito do meu curso on-line.* Um trabalho tão fascinante que muitos adorariam estar em meu lugar e dariam o sangue para fazer tudo isso.

Mas, como aprendi que quem trabalha demais não tem tempo para enriquecer, adotei um estilo de vida que me permite realizar esse sem-número de atividades respeitando minha saúde, minha família, minhas vontades pessoais e meu enriquecimento.

Trabalho muito para dar conta de tudo isso, mas esse trabalho não é perene. Começo minha semana às 12 horas da segunda-feira, encerro às 12 horas da sexta. Se não cumpro essa agenda, compenso na semana seguinte. Além disso, encerro meu ano na primeira quin-

---

* Para participar de um masterclass meu, inscreva-se em www.gustavocerbasi.com.br.

zena de dezembro e volto apenas na segunda quinzena de fevereiro. São dois meses de férias contínuas, sem retornar pedidos de entrevista, ligações nem e-mails. Abro exceção para trabalhos regulares como a atenção a minhas redes sociais e a produção de artigos, mas um artigo não me toma mais do que uma hora de trabalho. As redes sociais nas férias também não podem ser consideradas trabalho, pois as uso para compartilhar com meus seguidores reflexões sobre a cultura dos lugares que visito e sobre as situações que vivo com minha família. A intenção é educar pelo exemplo.

Antes que você pense que eu sou um vagabundo profissional, deixe-me explicar o que eu entendo por férias. Minha rotina, durante o período de atividades, consiste em responder a incontáveis pedidos e propostas de trabalho, normalmente por e-mail (evito almoços e reuniões presenciais, improdutivos demais na lenta São Paulo), me deslocar para o aeroporto, voar, escrever, gravar vídeos, fazer transmissões ao vivo, orientar individualmente cerca de 1.500 alunos por semestre, palestrar e manter em dia a burocracia da minha empresa. Nas férias, faço tudo menos isso. Jogo videogame, saio com minha família, visito parentes, viajo e assisto a filmes. Mas também organizo minha vida pessoal, estudo meus investimentos, faço cursos, repenso meus planos, leio muito e registro ideias para novos livros. Sim, também faço algumas transmissões ao vivo em minhas redes, mas em clima mais descontraído.

Férias são a saudável quebra de rotina que me permite criar. Cada criação dá início a um novo ciclo de trabalhos e a uma nova turma do meu curso on-line, e com eles vem a expectativa de chegarem logo as férias. Trabalho intenso, férias idem. Como digo sempre para a Adriana, amo muito tudo isso!

Conto essas coisas para me gabar e deixar meus leitores com inveja? De forma alguma. Relato minha rotina para que você entenda que alguém que já trabalhou com algo de que não gostava e assumiu uma rotina de trabalho extenuante soube reconhecer os exageros e agiu para mudar isso.

Não acredito que essa rotina agrade a todos. Conheço pessoas que dizem que não aguentariam passar 30 dias em casa, com as crianças à sua volta. Não curtem o ócio, não sentem necessidade de ser criativas. Escolhas de vida, prioridades, ambas extremamente pessoais.

Se você está feliz com seu trabalho e sua rotina, se consegue cuidar de sua saúde, poupar para o futuro, ter relacionamentos saudáveis e educar bem seus filhos, não precisa se preocupar em ter férias extensas. Não precisa nem se preocupar em se aposentar logo, afinal, você vive em equilíbrio, provavelmente é uma pessoa feliz.

No meu caso, no começo da carreira eu trabalhava em um meio extremamente nocivo para a saúde e para os relacionamentos. A primeira vez que percebi isso foi em um processo de trainee para uma grande empresa multinacional de consultoria de gestão. Eu estava entre os quatro finalistas que concorriam a duas vagas, fascinado com o discurso do vice-presidente da empresa, que dizia que, naquela atividade, seríamos cidadãos do mundo, dormindo cada noite em um país ou na classe executiva de um voo internacional. Quando ele disse que com aquela rotina não teríamos endereço fixo e não veríamos a família mais do que uma vez ao ano, facilitei a vida dos outros três concorrentes: me levantei, agradeci e fui embora, sem perder tempo. Não quis saber quantos milhões de dólares ganharia nos poucos anos em que aguentaria tal rotina.

Tempos depois, quando dava aulas, uma descontraída conversa me assustou. Éramos oito professores divorciados e dois ainda solteiros – eu era um desses últimos. Os mais velhos diziam:

– Vai casar, se prepara... É provável que não seja a última vez!

Os motivos para divórcio eram as muitas viagens, aulas à noite e aos finais de semana. Coisas da carreira, diziam eles. Como era possível dar tanta importância assim a um trabalho que destruía relacionamentos?

Foi dali em diante que me tornei um profissional extremamente flexível, desapegado de honrarias e de currículos. Gosto de estar entre os melhores no que faço, me esmero para isso, mas não faço questão de me manter em algo que não contribua para meu crescimento ou para o bem-estar de minha família.

Acredito que, se sou reconhecido por ter um trabalho diferenciado, é porque tive múltiplas experiências que enriqueceram meus exemplos, minhas ideias e minhas teorias.

Trabalho especializado padronizado é para máquinas, não para nosso incrível cérebro. Dê mais utilidade para essa ferramenta. Se você se sente empacado em sua carreira, com poucas escolhas, tente praticar o desapego. Pare de polir seu currículo, tente recriá-lo. Pense em tirar um período sabático, voltando-se à família e a seus sonhos pessoais por um tempo. Obviamente, prepare-se para isso, incluindo a construção de uma sólida reserva financeira, mas não espere muito para mudar o que não lhe agrada.

Conheci um casal que ilustra perfeitamente a importância de priorizar a qualidade de vida. Em 2004, quando eu e Adriana voltávamos ao Brasil após vivermos oito meses no Canadá (nossa segunda ida àquele país), encontramos no aeroporto de Toronto uma família de brasileiros que viria no mesmo voo que o nosso. Edney e Rosecler estavam sentados próximos a mim e pareciam estar também de mudança, dado o volume de bagagem de mão que traziam. Não resisti e puxei assunto:

– Voltando para o Brasil?

– Não – respondeu Edney. – Já somos cidadãos canadenses. Mudamos para cá há 10 anos, mas todo ano visitamos nossa família na Paraíba. Ficamos dois meses no Brasil. Só que esse ano a filha da minha irmã nasceu, no Brasil, e vamos tirar uma temporada de folga. Queremos passar sete meses por lá.

Diante de tamanho privilégio, quis saber o que faziam, imaginando que fossem donos de alguma empresa ou algo parecido.

– Eu sou gesseiro, trabalho em obras. Minha mulher, a Rosecler, é assistente de pedreiro. Costuma fazer os rejuntes e acabamentos finos. Você deve estar se perguntando como é que dois peões como nós conseguimos passar tanto tempo sem trabalhar, né? Mas, não tenho vergonha de dizer, o negócio é que ganhamos muito dinheiro com nosso trabalho, pois a mão de obra braçal é escassa no Canadá. No Brasil, ganhávamos por mês cerca de mil reais cada um. Aqui, ganhamos juntos 10 mil dólares por mês. E a concorrência é pouca, pois poucos gesseiros imigram para o Canadá.

– Incrível! E por que são tão poucos?

– O pessoal não quer estudar. Aprende a fazer bons serviços de gesso, e só quer fazer isso dia e noite. Eu, quando vi que não iria ganhar muito, fui atrás de soluções e vi que aqui pagavam muito bem pelo trabalho de gesseiro. Falei com minha mulher e decidi trabalhar menos por uns meses para estudar inglês e passar na entrevista do consulado. O país precisa tanto de gesseiros que o cônsul até acelerou meu processo de imigração. Depois de três meses, gostei tanto daqui que convenci minha mulher e meu filho mais velho a virem também. Lá no Brasil, a gente não teria quase nada, e aqui temos uma casa de três andares e um carro de sete lugares.

Achei essa história fantástica. Primeiro, porque ilustra perfeitamente o Bom Conselho número 1, que recomenda os estudos, mesmo que Edney e Rosecler se enquadrem na categoria de pessoas que tiveram sucesso sem um diploma universitário. Segundo, porque é a redenção do trabalhador que, diante de poucas oportunidades, fez do limão uma limonada e prosperou muito.

Sugiro que você faça o que meu pai me ensinou a um alto custo: mude de vida, antes que perca a que tem. Obrigado, pai, por me fazer perceber isso ainda jovem.

O CONSELHO QUE MEU PAI DARIA A VOCÊ

Não deixe para viver no futuro. Faça bom uso de seu tempo e de seu dinheiro. Problemas? Faça deles uma oportunidade de aprendizado. Desfrute de cada dia, de cada companhia, de cada momento, de cada fruta que você põe na boca. Aliás, coma mais frutas, e você perceberá como o mundo é doce.

Não deixe para viver no
futuro. Faça bom uso de seu
tempo e de seu dinheiro.
Desfrute de cada dia,
de cada companhia,
de cada momento.

gustavocerbasi

Qualidade de vida deve ser a palavra de ordem. Há quem confunda trabalho com a busca por uma vida mais rica, vendo no patrimônio a melhor tradução para a riqueza. Está errado. Devemos trabalhar para viver melhor. A melhor definição de riqueza é viver a vida em sua plenitude.

Para entender isso, vamos pensar na lógica das finanças pessoais, área em que sou especialista. Quem acredita que um bom planejamento consiste apenas em cortar gastos e fazer poupança provavelmente está errado, pois não saberá identificar a hora de aproveitar o dinheiro poupado.

O bom planejamento financeiro deve começar com a ideia de equilíbrio. Se precisamos poupar para o futuro, que seja o mínimo necessário e investido com inteligência, para se multiplicar melhor, e não o máximo de poupança possível. Poupa muito quem tem pressa para se aposentar. Se tem pressa, é porque não vive bem. Uma boa fórmula para seu enriquecimento é a seguinte:

Gaste o máximo que você pode inteligentemente, isto é, obtendo o melhor benefício possível do dinheiro que você usa. E invista inteligentemente o mínimo necessário para não perder, no futuro, o bom estilo de vida que seu dinheiro paga hoje.

Perceba como essa orientação tem como foco a busca pelo equilíbrio. Obter o melhor benefício de seus gastos significa obter mais recompensas na vida, ser mais feliz. Quem gasta bem vive mais motivado, trabalha melhor e tende a ter mais satisfação nas diversas áreas da vida. Se vive bem, não encara seu dia a dia como um fardo, por isso não tem pressa de se aposentar. Consequentemente, pode poupar menos, além de poder deixar seu dinheiro investido se multiplicar mais ao longo do tempo, colhendo, assim, mais resultados no futuro. É como se a vida conspirasse a seu favor.

Tenha atitude para perceber que está no rumo errado e interromper o curso de suas escolhas, se necessário. Não aumente os pequenos problemas, não se frustre por pouco. Quando a vida parecer complicada, os problemas parecerem enormes e as companhias parecerem insuportáveis, tire a lupa das mãos e imagine como você estará comentando esse momento com um amigo daqui a algumas semanas.

Os investimentos são um modo interessante de testar como você lida com as pequenas frustrações. Se você acompanhar a bolsa de valores todos os dias, terá uma sensação de risco muito maior do que se acompanhar apenas pelos extratos mensais. Olhe menos, portanto, para a rotina e as dificuldades diárias e dedique mais tempo a saborear a riqueza que você tem desde que nasceu. Viver é simples, não precisa complicar.

A melhor definição de riqueza é viver a vida em sua plenitude.

◯ gustavocerbasi

BOM CONSELHO Nº 3

Antecipe-se. Invista cedo na carreira e aproveite para aprender agora.

(Tommaso Cerbasi)

Quando adoeceu, meu pai se viu numa situação muito difícil: o estresse do trabalho poderia pôr em risco sua recuperação e, por isso, talvez fosse necessário se aposentar antes do esperado. Naturalmente, ele resistia à ideia de vestir o pijama, pois era um profissional muito ativo.

Debatíamos muito sobre suas opções, entre elas atuar como consultor ou abrir um negócio, mas o transplante lhe impôs parar definitivamente. De qualquer forma, tínhamos bons argumentos para que ele aceitasse uma redução no ritmo. Os dois filhos estavam formados e começando a trabalhar e os últimos anos em uma excelente posição profissional lhe haviam permitido formar uma boa reserva. Aliviado, ele dizia:

– Ainda bem que fiz um bom pé-de-meia. Se tivesse que trabalhar mais oito anos, para me aposentar aos 65, passaria um aperto!

Era bom saber que meu pai estava seguro. Ao mesmo tempo, o Bom Conselho número 2 não saía da minha mente. Papai estava seguro porque havia garantido um bom patrimônio, mas também só havia garantido um bom patrimônio porque se sacrificara demais, por muitos anos. Eu não queria essa vida para mim.

Mas o fato de ter se garantido cedo trouxe uma inegável tranquilidade a meu pai. Foi essa tranquilidade que me motivou a tentar aplicar a mesma ideia em minha vida, com a ressalva de não me exceder na busca de um lugar ao sol. Aos poucos, fui entendendo que aproveitar as oportunidades no início da carreira, mesmo que impliquem pequenos sacrifícios, é uma maneira de evitar grandes sacrifícios no futuro. Hoje, sei que "se antecipar" pode ser uma maneira de conciliar o aparente paradoxo entre os conselhos "estudar" e "viver". Mas não foi fácil perceber isso.

"Se você começar antes dos outros, estará aproveitando quando todo mundo estiver correndo atrás." Ouvi essa frase de meu pai algumas centenas de vezes, em diferentes situações. Quando começava o ano escolar e eu me mostrava desanimado para as primeiras lições de casa, era incentivado a estudar para obter logo as médias para aprovação e não me preocupar no fim do ano. Já expliquei que a estratégia dava certo, pois eu tinha meus dias solitários de bicicleta durante os períodos de prova – e de estudos de meus amigos.

Quando obtive uma bolsa de estudos no Colégio Anglo Latino e sugeri ir estudar lá para colaborar com as finanças de casa, ouvi:

– Aproveite agora, que seu pai pode pagar um colégio melhor como o Agostiniano Mendel. Se ele tiver que pagar sua faculdade no caso de você não passar no vestibular da USP, talvez não possa permitir que você escolha qualquer uma.

A situação se repetiu quando comecei a procurar meus primeiros estágios e encontrei oportunidades de emprego formal, bem-remunerado; muitas empresas de pequeno porte procuram jovens talentos nas boas universidades. No início de 1996, iniciando o segundo ano na faculdade de Engenharia, recebi um convite para chefiar uma rotina do pátio de manobras do aeroporto de Congonhas. A proposta: 2.800 reais de salário, com carteira assinada. Muita grana para um estudante sem experiência, fascinante! Mas foi nessa mesma época que recebi o convite para estagiar no Citibank, com bolsa-estágio de 800 reais.

Aproveitar as oportunidades no início da carreira, mesmo que impliquem pequenos sacrifícios, é uma maneira de evitar grandes sacrifícios no futuro.

◉ gustavocerbasi

Eu me lembro de cada palavra do meu pai, em conversa que tivemos ao telefone (ele ainda trabalhava em Porto Ferreira, passava a semana longe da família):

– Gustavo, aproveita agora, que é hora de entrar em uma ótima empresa e aprender. Se você aceitar o emprego no aeroporto, provavelmente vai passar a vida toda ali, vai virar no máximo gerente. Esse tipo de trabalho não serve de referência para nenhum outro. Por outro lado, se você entrar no Citibank, provavelmente vai aprender a fundo como funciona o banco e terá muitas oportunidades, não só na área financeira, que você tanto odeia. Quando tiver um bom currículo, você vai poder escolher entre várias oportunidades de trabalho.

Optei pelo estágio no Citibank, um trabalho realmente incrível em termos de aprendizado.

Assim que me formei, me senti na obrigação de correr atrás de trabalho, ao mesmo tempo que queria muito fazer um curso de inglês no Canadá. No entanto, se ingressasse em um emprego, as chances de voltar a ter a oportunidade de um intercâmbio seriam mínimas. Meu pai disse:

– Custear sua educação é responsabilidade minha, e você foi brilhante ao ingressar em duas faculdades gratuitas. Aproveite para adquirir conhecimento agora. Eu ajudo a pagar seu curso em Vancouver.

Era sempre assim. Todo sacrifício que pudesse significar aquisição de conhecimento ou referências curriculares e crescimento profissional se traduzia em um apoio irrestrito e imediato de meu pai.

Como já expliquei, não comecei minha carreira naquilo que amava fazer. Comecei com o que a vida me apresentou. Era pegar ou largar. O trabalho de consultor financeiro trazia muito aprendizado, mas era estressante e me consumia muito mais horas de vida do que um trabalho convencional consumiria.

Quando meus pais me perguntavam se eu estava feliz, eu deixava claro que não estava infeliz, mas que não estava satisfeito. Nessas horas, meu pai dizia:

– Então aproveite que o dinheiro está entrando, economize e faça um bom pé-de-meia. Você está aprendendo muito nesse trabalho, aproveite tudo o que puder. Daqui a algum tempo, estará fazendo escolhas.

Era a lição de sempre, só que em outras palavras.

Dito e feito. Veio o convite para atuar como consultor da FIA e, com ele, a possibilidade de frequentar dezenas de cursos, criar relacionamentos com os mais respeitados profissionais das finanças, adquirir mais experiência e ampliar minhas possibilidades. José Roberto Securato, meu mentor e superior, não por coincidência repetia a lição de meu pai. Ouvi dele várias vezes:

– Aproveite para aprender e criar um diferencial agora. No meio acadêmico, há pessoas acomodadas que querem apenas seguir uma carreira previsível. Algumas delas obtêm reconhecimento. Mas há também pessoas que ralam muito, se destacam e fazem a diferença. Essas obtêm reconhecimento e ganham muito dinheiro.

Securato foi quem me ajudou a projetar, em pouco tempo, uma carreira de sucesso no meio acadêmico. Sugeriu os cursos que eu deveria fazer para me qualificar para lecionar em cursos mais avançados, me ajudou a elaborar um currículo que transmitisse um perfil adequado para ingressar no mestrado e doutorado e me convidou a assistir a muitas de suas aulas de Finanças na USP. Muitas mesmo.

Ele era um professor altamente reconhecido no meio financeiro, por isso adotei seu estilo de lecionar como exemplo para minhas primeiras aulas. Como ele demandava muito de meu tempo, eu tinha que me desdobrar para dar conta dos estudos, das aulas a ministrar, das provas a corrigir e também das aulas dele que eu assistia. Mesmo assim, não esquecia por um segundo a recomendação: aquele era o momento de fazer o sacrifício.

Entre uma aula e outra, era comum me encontrar com outros professores e colegas do mestrado e doutorado no Laboratório de Finanças da FIA, local onde eram feitas pesquisas e a coordenação de cursos e que também funcionava como sala dos professores. Não raro, coordenadores de cursos iam ao LabFin procurar substitutos para cobrir aulas avulsas, em razão da falta de professores de cadeira ou de problemas de agenda.

Como eu estava começando, adorava essas oportunidades de mostrar meu potencial em novos territórios. Porém, frequentemente surgiam também os chamados abacaxis, que eram os pedidos para aulas que ninguém gostava de lecionar. Um exemplo eram as de Estatística. Eram raros os professores desse assunto, e mais raros ainda os que eram queridos pelos alunos.

Certo dia, o coordenador da pós-graduação apareceu na sala dos professores com semblante preocupado, perguntando se alguém poderia cobrir quatro aulas de Estatística de uma professora que havia se acidentado. Eu estava com outros sete colegas no LabFin e fiquei espantado com a facilidade com que todos recusaram o pedido. Algumas das respostas foram:

"Nunca dei aula desse assunto e não vale a pena preparar um curso para lecionar uma só vez."

"Estou com muitas provas para corrigir."

"Estatística? Nem pensar!"

"Por que você não procura no Instituto de Matemática?"

"Tá ferrado! Conseguir um professor de estatística assim, de última hora?"

Eu não me conformava. Afinal, havia sido alertado para o fato de que o momento para aproveitar chances de aprendizado era aquele. Como recusar a oportunidade de dar aulas sobre um assunto que eu já havia estudado? Como recusar a oportunidade de dar aulas em uma pós-graduação? Como dizer não a um serviço bem-pago e ainda ajudar um colega? Todos os ali presentes eram mestres ou mestrandos e já haviam cursado disciplinas como Didática e Metodologia Científica, além da Estatística. Em teoria, sabiam preparar uma aula.

Diante da recusa generalizada, perguntei:

– Qual a agenda? Quanto tempo vou ter para preparar o curso?

Meus amigos se viraram para mim e disseram que eu era louco, que gastaria muito mais horas preparando o curso do que lecionando e que o pagamento não compensaria.

Eu pensava comigo: "Dessa vez não vai compensar, mas, da próxima vez que precisarem de mim, já terei o material preparado. A hora de aprender é essa." Com esse raciocínio, comecei a cobrir aulas dos mais diversos assuntos.

Securato ficava extremamente satisfeito em ver minha atitude proativa e deixava isso claro ao me elogiar com boa frequência. Aos poucos, começou a me ver como seu coringa, sua carta na manga. Sempre que surgia um abacaxi, eu era o primeiro a ser consultado. Com essa prioridade, minha agenda praticamente se esgotou e comecei a faturar alto – e também a trabalhar muito.

A despeito de minha grande autoconfiança, nem sempre minha ousadia era bem-sucedida. Algumas das minhas aulas não eram tão bem avaliadas quanto outras. Em alguns casos, os cursos eram tão difíceis que cheguei a estudar e ensaiar mais de 20 horas (em geral, aos domingos) para lecionar apenas quatro. Com a agenda cheia, avançava madrugadas preparando aulas e corrigindo provas. Mesmo assim, no início das aulas era comum ouvir brincadeiras dos alunos como: "O professor pediu para o estagiário dar aula?" ou "Quem é esse? Aluno novo? Filho do professor?". A maior parte das brincadeiras era motivada pela minha aparência jovem, que denotava uma suposta inexperiência. Não era fácil. Em uma das minhas turmas, eu era mais novo do que todos os alunos.

No entanto, as brincadeiras me faziam adotar técnicas parecidas com as que utilizo hoje em minhas palestras em empresas. Começava a aula com uma piada ou com uma história de empresa que havia quebrado ou tido grande sucesso por uma jogada financeira, o que deixava os alunos fascinados pelo assunto e ansiosos para entenderem daquilo.

Com tantas horas dedicadas a ensinar, não tardei a começar a receber prêmios de professor homenageado. Com isso, aumentaram os convites para as aulas em que eu era realmente bom. Consequentemente, deixei de ter agenda para assumir os abacaxis. Ao contrário do que planejei, as intermináveis horas de preparação de aulas não serviram para eu continuar como coringa, mas para melhorar as aulas que eu já dominava.

Quatro anos após minha graduação na FGV, eu já lecionava uma média de mais de 40 horas por semana, chegando a 50 em alguns meses. Não raro, esquecia de almoçar e dormia poucas horas por noite. Como me sobrava pouco ou nenhum tempo, aproveitei para poupar muito.

Foi nessa época que eu e Adriana decidimos casar. E com o casamento veio a opção por uma mudança de vida, em busca do equilíbrio.

Confesso que nunca consegui plenamente o tal do equilíbrio, mas não foi por falta de opções. Em razão dos diferenciais que acumulei no começo da carreira, seguindo o Bom Conselho número 3, criei várias possibilidades de redefinir minha rotina.

Após o casamento e buscando dignificar o Bom Conselho número 2, comecei a dizer não aos exageros. O primeiro passo foi limitar minha agenda de aulas a 40 horas por semana. Comecei a ler mais sobre outros assuntos, resgatando o antigo hábito de devorar ao menos um livro por semana. Como queria referências de finanças pessoais para usar em aula e adotar na minha vida, li tudo o que existia sobre isso no mercado, tanto em português quanto em inglês.

Eu já havia sido convidado a escrever um livro sobre o assunto. Por essa razão, meu editor me enviava vários títulos novos e desconhecidos, geralmente em inglês, como estímulo ao meu trabalho. Encontrei falhas em vários deles e procurei não repetir esses erros no meu. Lá estava eu novamente praticando o aprendizado teórico antes da prática, adquirindo conhecimento maciço antes de lançar meu primeiro título, *Dinheiro: Os segredos de quem tem* (Sextante), no início de 2003.

Depois disso, minha vida consistiu em picos de atividade seguidos de períodos de desconexão. Em outras palavras, comecei a alternar plantio e colheita. Concedi incontáveis entrevistas para promover meu primeiro livro, ministrei centenas de palestras sem remuneração, escrevi inúmeros artigos para veículos de comunicação que eu nem sequer conhecia, com o intuito de espalhar minhas ideias, que eu sabia serem bem fundamentadas, e me tornar uma referência no assunto.

Quando não encontrei mais tempo, comecei a cobrar pelas palestras, selecionar entrevistas, criar regras para limitar a agenda – para garantir bons períodos de descanso e de convívio familiar – e aumentar gradativamente o valor da hora do meu trabalho, a fim de encontrar o equilíbrio entre oferta e demanda pelo que faço. Muitos dizem que cobro caro, mas, se isso fosse verdade, minha agenda não estaria cheia. Brinco com minha sócia, Jéssica Pascarelli, dizendo que a principal função dela é negativar. Na prática, ela seleciona meus trabalhos, mas são tantas solicitações que ela passa a maior parte do tempo dizendo nãos.

Como me tornei uma figura conhecida, sou frequentemente convidado a assumir trabalhos diferentes, como campanhas publicitárias, projetos de pesquisa inovadores e consultoria para roteiros de cinema e programas de televisão. Nessas novidades, geralmente acabo subestimando a demanda e assumindo mais trabalhos do que gostaria. É nesse tipo de situação que reúno a família e negocio um prazo (raramente maior do que três meses) para concluir alguns projetos e voltar ao ritmo normal e saudável.

Minha mãe, meu anjo da guarda, é quem costuma me alertar:

– Você sempre disse que não trabalharia tanto quanto seu pai.

Toda vez que ouço isso dela, vejo que realmente preciso diminuir o ritmo e dizer mais nãos.

Hoje, vejo dezenas de profissionais tentando começar uma carreira semelhante à minha, certamente em busca do sucesso midiático e financeiro, mas sem aceitar o preço que paguei lá atrás. Muitos me escrevem para saber quem foi minha assessoria de imprensa, mas se recusam a conceder três ou quatro entrevistas por escrito a cada dia. Muitos me perguntam como me tornei conhecido como palestrante, mas se recusam a trabalhar gratuitamente. Muitos querem saber a didática que eu usava nas aulas, mas não sabem garimpar espaço entre os feudos dominados por professores mais experientes nas boas faculdades.

Se tivesse que começar uma nova carreira hoje, eu me dedicaria muito, estudaria muito e me aproximaria de pessoas experientes, nem que fosse para trabalhar sem remuneração. É incrível como, no país em que vivemos, muitos lamentam a falta de oportunidades de trabalho ao mesmo tempo que os empresários lamentam a falta de gente competente para ocupar suas vagas.

Falta vontade, talvez falte também um pouco de criatividade. Talvez falte confiança na ideia de que uma boa dose de vontade, curiosidade e dedicação abre muitas portas. Refuto completamente os argumentos de que sou uma pessoa de sorte. Com a disposição que procurei ter para trabalhar, mesmo em uma carreira pela qual não era apaixonado, tenho a sensação de que teria sorte em qualquer trabalho.

Uma maneira de simplificar esse raciocínio é reduzir a ideia de antecipação a uma atitude: faça mais do que seus concorrentes. Costumo explicar o conceito de educação financeira com a seguinte reflexão:

> Você TRABALHA, eu TRABALHO;
> você DESCANSA, eu TRABALHO;
> então você RECLAMA e eu DESCANSO.

Sinceramente, não sei como crescer na carreira sem ser com muita dedicação e sacrifício. Foi o que meu pai me ensinou. Obrigado, pai.

O CONSELHO QUE MEU PAI DARIA A VOCÊ

Não deixe para amanhã o que você pode fazer hoje. Obviamente, essa frase não é do meu pai. Mas ele ecoou isso insistentemente ao longo da vida.

Você TRABALHA,
eu TRABALHO;
você DESCANSA,
eu TRABALHO;
então você RECLAMA
e eu DESCANSO.

@ gustavocerbasi

Acredito que já exemplifiquei o suficiente como fazer isso no âmbito da carreira, por isso reforço agora esse bom conselho para suas finanças.

Você já deve ter ouvido que, para ter as contas em ordem, é preciso fazer sacrifícios. Porém, muita gente confunde isso com cortar gastos e suportar o sofrimento da privação pelo resto da vida. Isso não funciona, pois nós, seres humanos, precisamos de recompensas para viver e manter qualquer processo que exija disciplina. Sem motivação, perdemos a disciplina.

Por isso, privações só têm sentido se houver a perspectiva de uma boa recompensa ao final, algo que nos motive. Um hábito que adotei desde cedo em minha relação com a Adriana foi o de propor grandes sacrifícios na rotina de consumo para poder colher alguma grande conquista meses depois. Por exemplo, seis meses sem ir ao cinema para comprar uma televisão. Ou dois meses sem jantar fora para fazer uma viagem de fim de semana. Ou então dois anos sem trocarmos presentes para pagar a festa de casamento. São exemplos de como nos antecipamos para garantir o dinheiro na mão. Assim fazemos bons negócios e evitamos a preocupação de pagar pelos sonhos após realizados.

São sacrifícios? Sem dúvida! Mas não trazem sofrimento, pois têm prazo conhecido e metas bem claras a serem alcançadas, como se fosse uma gincana. Isso faz com que consigamos nos manter disciplinados. É uma situação bem diferente de cortar gastos para "apenas" colocar as contas em ordem.

Se seu bom senso lhe diz que é difícil manter por 30 anos uma gincana cujo prêmio é uma boa aposentadoria, você está certo. Se a recompensa está longe, a chance de desistir é grande. Por isso, em vez de estabelecer uma meta de 20 anos para se aposentar, prefira estender esse prazo para 30 anos e incluir, no meio do caminho, outros sonhos de curto e médio prazos. Cada sonho realizado nos motiva a continuar perseguindo os que ainda não aconteceram.

No mundo dos investimentos, antecipar-se significa preparar-se continuamente para oportunidades de bons negócios. Você já deve ter ouvido falar que a melhor maneira de investir na bolsa de valores é comprando ações sempre, independentemente de o mercado estar em alta ou em baixa. Há vários estudos que confirmam o sucesso dessa tese, com comprovação estatística. Porém, resultados numéricos à parte, o que torna essa recomendação realmente inteligente é a proposta de não esperar surgir o momento oportuno de investir, mas iniciar desde já e sustentar um processo disciplinado de investimento de longo prazo.

Por quê? Se você aguardar o momento certo, jamais saberá identificá-lo, pois não terá conhecimento e sensibilidade suficientes nesse mercado para detectar oportunidades. Você só saberá delas quando já estiverem estampando as manchetes de jornais, ou seja, quando já tiverem sido aproveitadas pela maioria dos investidores.

Quem, por outro lado, adota o hábito de comprar ações regularmente perceberá com rapidez quando estiver atravessando um momento propício e saberá reagir a ele, seja concentrando investimentos nessa oportunidade, seja buscando informações para entendê-la melhor. Com o tempo, nos tornamos especialistas em identificar oportunidades no mercado em que investimos e podemos até nos dar ao luxo de não investir nele sempre.

Não espere, portanto, a oportunidade surgir. Aja. Vá atrás dela, pois há sempre boas chances por perto de quem se prepara para alcançá-las.

BOM CONSELHO Nº 4

Desconfie. Não deixe te passarem a perna.

(Tommaso Cerbasi)

Ir às compras com meu pai não era fácil. Ele sempre foi um negociador duro, daqueles de exaurir vendedores, gerentes e quem quer que estivesse negociando. Quando pequeno, eu já me sentia constrangido logo ao entrar em uma loja, sabendo que era uma situação em que o comportamento do meu pai se transformava.

Jamais o vi responder educadamente ao primeiro cumprimento de um vendedor. Diante de um "Bom dia, senhor!", a resposta do meu pai sempre foi passar reto, com nariz empinado, rastreando a loja em busca do que queria comprar. "Posso ajudá-lo?" era outra pergunta que raramente surtia efeito. Meu pai direcionava a palavra ao vendedor somente se não encontrasse o que queria ou se já quisesse começar a negociar, mas somente depois de vasculhar muito, bagunçar prateleiras e deixá-lo em situação bastante desconfortável.

Na hora de negociar, ele não perguntava qual era o desconto. O preço partia dele mesmo: "Mil reais a geladeira? Eu pago 700 à vista!" Dez em cada dez vendedores se mostravam desconfortáveis, indignados, encabulados e até desanimados diante de uma negociação com ele. Em pouco tempo percebiam que não teriam muito a lucrar na venda e tendiam a propor logo um bom desconto para encerrar a conversa. Mas meu pai era chato e não se mostrava nem um pouco apressado para concluir sua performance na arte de negociar.

Quando o vendedor dava sinais de ter chegado ao seu limite, informando, com olhos marejados, o preço final, meu pai sacava da manga seu coringa:

– Quem é o gerente? Deixa eu falar com ele!

E é incrível como um "não dá para abaixar mais" acaba se transformando em mais 5% a 10% de desconto em um preço já baixo.

Por mais desagradável que fosse o Sr. Tommaso ao entrar em uma loja, por mais irritante que ele fosse ao pedir 30% de desconto quando o vendedor afirmava não poder dar mais do que 5%, a conversa se mantinha penosa somente até certa altura. Depois de chegar a um consenso de preço, ou mesmo à conclusão de que não faria negócio, o Sr. Tommaso voltava a ser o falastrão e piadista infame de sempre, dando início a uma sessão nada curta de bate-papo para descontrair. A mudança era rápida, como se seu corpo exorcizasse um espírito maldoso.

Era sempre a mesma história, sempre a mesma situação constrangedora, sempre um grande desconto nas compras. Eu, que adotei como referência o afável comportamento do meu avô Bruno, me sentia enojado dessa postura aparentemente sádica de meu pai. Porém, com o tempo, entendi seu código de conduta.

A carreira do meu pai foi em vendas. Ao longo de seus mais de 30 anos de profissão, ele passou por incontáveis treinamentos sobre como divulgar, seduzir, convencer, encantar, ludibriar e atingir metas comerciais. Entendia de formação de preços e conhecia as margens de lucro praticadas por diferentes ramos de negócios. Aprendeu tudo isso com o tal do estudo, que tanto prezava. Não colocou tudo em prática, afinal, deixou de ser vendedor e passou a administrar, mas, ao contrário do que acontece com a maioria dos profissionais, em sua cartilha nunca houve espaço para o dito popular "casa de ferreiro, espeto de pau". Toda a técnica aprendida em sua profissão foi sempre muito bem empregada a cada compra.

Lembro quando, depois de uma longa negociação familiar, chegamos à conclusão de que não poderíamos mais manter um cão de estimação da raça dálmata. Eram tempos em que não existia o conceito de pet. Cachorro era um bicho para se criar fora de casa. Ele precisava comer muito, e, com nosso orçamento, não estávamos conseguindo alimentá-lo bem. A solução era encontrar um novo lar para ele.

Divulgamos no jornal do bairro, e um interessado nos fez a proposta de trocar o dálmata por um videogame Atari, que eu ainda não tinha, incluindo três jogos extras. Ele era dono de uma assistência técnica da marca, por isso nos chamou para tratar da proposta na loja dele.

Eu já estava de acordo com a troca, afinal o preço de mercado do cachorro era o mesmo do videogame, que estava novo, na caixa lacrada. Mas meu pai estava junto para fazer a negociação e começou a argumentar:

– O videogame tem o preço do cachorro, mas para você, que revende, sai bem mais barato.

– Sim, por isso que eu ofereci os três jogos a mais.

– Mas um deles já vem com o videogame. Você tem vários jogos aqui na loja, então trocamos o cachorro pelo videogame mais 15 jogos extras.

– Você está louco? Cinco jogos saem pelo preço do videogame... Só se vocês levarem jogos usados!

– Ok, então o videogame, três jogos originais e 12 jogos usados. Ah, e eu estou vendo aqui na caixa que só vem com um controle. Você vai incluir mais um para nós, não?

O lojista estava se mostrando impaciente, a ponto de quase desistir da transação. Nessa hora, eu me arrisquei a interferir na negociação, já que meu pai parecia estar passando dos limites:

– Mas, pai...

Duas palavras. Mais nada. Nem impus muita ênfase à voz, já que eu era apenas uma criança de 11 anos entre dois adultos. Naquele instante, vi meu pai chegar ao limite da fúria, prestes a explodir. Ele se virou para mim com olhos vidrados, quase espumando, e disse, em voz alterada:

– Você fica quieto!

Tremi. O recado havia sido muito claro. Saí de perto para não chorar de vergonha. Acho que o vendedor só fechou negócio por dó de mim. Meia hora depois, estava em casa. Sem cachorro. Meu pai estava instalando os cabos do videogame na televisão. Na caixa, dois controles novos, 4 jogos originais e 10 usados. Minha mãe, orgulhosa, comentou:

– Que presentão, hein?

E meu pai:

– Se o Gustavo não tivesse aberto a boca, ainda trazia mais dois jogos para casa.

Naquele dia, arrisquei a comentar com meu pai que eu tinha ficado com vergonha de trocar um dálmata por mercadorias que valiam praticamente o dobro. Não achava justo. Foi aí que ele abriu o jogo e destilou um de seus lemas:

– Não dá uma de bobo. Em negociação, ninguém é bonzinho. Aperta mesmo.

Os argumentos eram lógicos, mas contrariava totalmente minha personalidade herdada de *Seo* Bruno. Aquilo não fazia sentido para mim. Talvez porque, em minha infância, ouvi falar muito da pecha negativa que tinha a tal Lei de Gérson, que rotulava o povo brasileiro.

A Lei de Gérson se refere a pessoas que gostam de levar vantagem em tudo, no sentido negativo de se aproveitar de todas as situações em benefício próprio, sem se importar com questões éticas ou morais. A expressão se originou de uma propaganda de 1976 para a marca de cigarros Vila Rica, estrelada pelo meia armador Gérson, da Seleção Brasileira de Futebol. A propaganda afirmava que a marca de cigarros era vantajosa por ser melhor e mais barata que as outras, e Gérson dizia no final: "Gosto de levar vantagem em tudo, certo? Leve vantagem você também."

Meu pai não era um oportunista. Pelo contrário, sempre foi muito correto. Não merecia ser rotulado de Gérson, mas essa minha opinião mudava quando eu o via negociar. Eu acreditava que ele fazia bons negócios, mas que perdia amigos em potencial quando ia às compras.

Porém, essa impressão negativa foi mudando ao longo dos anos. Quando retornávamos a lojas em que meu pai já havia feito bons negócios, eu já entrava com vergonha, temendo encontrar novamente o vendedor que sofrera o "abuso".

E não é que meu pai fazia questão de procurar o mesmo vendedor?! Eu queria me esconder, para não ter que encará-lo. Mas a realidade com a qual me deparava me surpreendia: quando um vendedor via meu pai, rapidamente o reconhecia e fazia questão de cumprimentá-lo. E o fazia com admiração, invariavelmente se virando para mim e comentando:

– Seu pai é duro na negociação. Gosto dele!

Seria possível? Que falsidade! Como alguém poderia gostar de um cliente que esprime suas margens de ganhos? Mas 10 em 10 vendedores demonstravam admiração pelo meu pai. Gostavam de sua postura, de sua objetividade, das lições que aprendiam com ele. Gostavam, principalmente, de sua fidelidade. Ele espremia, mas fazia questão de que suas compras seguintes fossem com vendedores que já o conheciam. Dava pouco lucro a cada compra, mas comprava com frequência.

Que lição! Aprendi que negociar vai muito além de simplesmente pedir para reduzir o preço. Tem a ver com fidelidade e com saber diferenciar o vendedor do ser humano. Meu pai dedicava meia hora negociando em tom duro, mas não deixava de dedicar outra meia hora em conversa, piadas e sugestões para o vendedor melhorar seu trabalho. Gostava de agradecer aos gerentes pelos bons vendedores que contratava. Meu pai era um homem digno, que dignificava o trabalho dos outros.

Ao contrário do que eu imaginara inicialmente, meu pai não fazia inimigos, mas admiradores. Eu sou um deles. Tento praticar suas lições, mas confesso que tenho minhas dificuldades. Talvez por não ter passado por tantas privações quanto ele.

Como já expliquei, a missão de meu pai, quanto a nos educar, foi fazer com que os filhos não tivessem que sofrer como ele para aprender as boas lições. Muitas delas vieram de erros que ele cometeu. Durante um bom tempo, trabalhou na semi-informalidade, recebendo parte de seu salário regularmente no contracheque e contando receber o restante "por fora", sem registro, para a empresa evitar impostos. Por má-fé de seus empregadores, deixou de receber a quase totalidade dos "por fora" a que tinha direito. Foi enganado por confiar demais em pessoas, em empresas, em advogados e no governo.

Uma história frequente que ouvi de meu pai foi sobre emprestar dinheiro a conhecidos. Já falei da grande perda que meu avô Antonio teve ao emprestar todo o patrimônio da família na chegada ao Brasil e ficar a ver navios. Mesmo assim, ainda jovem, meu pai também fez alguns empréstimos a pessoas que sumiram, morreram ou simplesmente se recusaram a devolver. Alguns desses empréstimos foram para patrões – como dizer não?

Por ser um dos mais bem-sucedidos economicamente na família, meu pai ajudou muitos parentes e conhecidos com empréstimos, mas ficou sem ter seu dinheiro de volta em muitas situações. Em praticamente todas elas, os relacionamentos se deterioraram. Foi daí que eu aprendi outra lição essencial em finanças pessoais: Jamais empreste dinheiro a pessoas queridas. Se quiser ajudar, doe outros tipos de recursos, não financeiros. Se a pessoa tiver bom senso, vai se esforçar para devolver. Mas não conte com o retorno, senão você vai perder um amigo.

Nos dias de hoje, a insistência no erro de emprestar parece excesso de ingenuidade, mas não devemos esquecer que meu pai começou a ser bem-sucedido na carreira no auge da ditadura militar, quando a maioria dos brasileiros vivia uma relação de desconfiança com o governo.

Era comum não declarar parte da renda, com medo de que o governo tomasse o patrimônio dos mais prósperos. Era comum não falar de conquistas pessoais, pois eram frequentes as histórias de pessoas delatadas por informantes de seu círculo de relacionamento. Os brasileiros desconfiavam da própria sombra.

Nesse ambiente de desconfiança, quando eu perguntava a meu pai o preço de um carro, quanto ele ganhava ou quanto ele gastara com determinada viagem, ouvia sempre a mesma resposta: "É segredo de Estado." A ordem era ser bem-sucedido, mas jamais deixar pistas disso para a sociedade.

Não se falava sobre dinheiro no Brasil na segunda metade do século passado. Era tabu. Consequentemente, quando as pessoas se expunham a decisões financeiras, não tinham lições ou ensinamentos a aproveitar. Agiam por instinto, erravam muito e só iam aprender boas lições depois de muito perder com seus erros. Meu pai não era exceção. Mas fiz parte de uma geração privilegiada, que passou a conversar mais sobre dinheiro e ter na mídia exemplos e discussões a serem aproveitados.

Aprendi muito com as negociações de sucesso de meu pai. Mesmo assim, não quero iludir meu leitor com a ideia de que basta saber negociar para fazer bons negócios. Negociar é uma arte e, como toda arte, requer aperfeiçoamento contínuo.

Pessoalmente, não me considero um artista nessa área. Meu trabalho é essencialmente provocar as pessoas a debater o assunto dinheiro, para que, com reflexões prévias, estejam mais preparadas a tomar melhores decisões. Sei expor ideias, tenho incontáveis exemplos de argumentos e técnicas para anular argumentos vendedores, mas... meu caráter é de *Seo* Bruno. Não consigo provocar situações de desconforto em outras pessoas.

Conhecendo essa minha fragilidade, procuro usar de artifícios para compensá-la: jamais vou às compras sem minha grande ferramenta de negociação: minha esposa, a negociadora da família.

Adriana também foi vendedora, atuou no mercado de implantes dentários. Com muita lábia, conversa descontraída, raciocínio rápido e uma incrível capacidade de argumentar a favor de seus produtos, rompeu barreiras nas empresas em que trabalhou e se tornou referência em seu setor.

Deixou de trabalhar para se dedicar à formação de nossos filhos – e também para poder me acompanhar nas frequentes férias que tiramos –, mas jamais deixou suas habilidades enferrujarem. Como meu pai, a Adri consegue dobrar as pernas de qualquer vendedor e fazer ótimos negócios. É assim quando compramos carros, imóveis, eletrodomésticos, roupas, enfim, qualquer coisa.

Nossa estratégia é simples: eu faço os primeiros contatos, avalio os bens que queremos, pergunto detalhes, faço comparações – afinal, sou o mais curioso dos dois e geralmente quem faz as pesquisas antes de decidirmos o que comprar. Até essa fase, o vendedor consome toda a sua lábia e poder de sedução comigo, e a Adriana pouco se envolve. Quando tenho certeza do que queremos, saio de cena e passo a batuta para ela, que conduz a negociação.

É divertido ver a surpresa dos vendedores, que, em geral, esperam que a condução da negociação seja feita pelo homem da família. Daí para a frente, o processo não é muito diferente do que meu pai sempre fez. Que orgulho!

O grande aprendizado que meu pai me passou foi o de desconfiar sempre que me envolvo em uma negociação. Por mais que um produto esteja em promoção, por mais que um vendedor argumente que não há espaço para reduzir o preço, por mais vantajosa que uma situação pareça, alguém sempre estará ganhando. Se não fosse assim, não haveria motivo para se montar uma loja e contratar vendedores.

Como diz o adágio popular imortalizado pelo economista Milton Friedman, "não existe almoço grátis". É impossível conseguir algo em troca de nada. Se alguém está lucrando em uma compra que quero fazer e se sou um cliente honesto, pontual, fiel e bem-intencionado, nada mais justo do que dividir esse lucro comigo. As margens mais gordas devem ficar nas vendas para clientes ruins.

Esse raciocínio me permite comprar mais com o dinheiro que tenho. Também me leva a dar valor ao meu tempo e a exigir um preço mais justo pelo meu trabalho. Quando cobro um preço por uma palestra, por exemplo, e explico que cobrarei o dobro se for em um final de semana, muitos contratantes se sentem indignados. Se tentam um valor mais baixo, simplesmente explico:

– A negociação da agenda de final de semana é com a minha esposa.

Ponto-final. É o argumento que faz com que aceitem minha proposta. Não sei se por medo da fama da Adriana ou se em respeito ao meu momento com a família.

Diante da minha dificuldade nessa arte e da felicidade que tive de ter permanentemente ao meu redor dois grandes exemplos de negociadores, só tenho a agradecer a meu pai pelos ensinamentos e à Adriana por me ajudar a colocá-los em prática.

O CONSELHO QUE MEU PAI DARIA A VOCÊ

Desconfiar de todos é uma forma de paranoia. Esqueça essa ideia. Porém não abra exceção quando a negociação envolver carreira ou qualquer tipo de contrato. Leia os documentos pertinentes ao que você vai assinar. Pergunte ou peça um tempo para estudar termos que você não conheça.

Só aceite promessas por escrito. É melhor o desconforto de impor uma negociação limpa e correta desde o começo do que a lentidão dos tribunais para cobrar seus direitos.

Seja humilde para reconhecer seus pontos fracos. Se não souber de um assunto, peça ajuda, contrate um especialista, estude antes de se comprometer. Tudo isso toma um tempo precioso, mas é a garantia de menos preocupações ao longo da vida.

Quando a negociação envolver carreira ou qualquer tipo de contrato, só aceite promessas por escrito. É melhor o desconforto de impor uma negociação correta do que a lentidão dos tribunais para cobrar seus direitos.

◎ gustavocerbasi

Siga sempre algumas regrinhas que se aplicam a todo tipo de negociação, para ser bem-sucedido na defesa do seu dinheiro. Minhas favoritas são as seguintes:

Estude o inimigo. Repare no esforço do vendedor para conseguir clientes. Use a vitrine para estudar o território. Quanto mais o vendedor estiver ocioso antes de sua entrada na loja e quanto mais vazio estiver o estabelecimento, mais ansioso ele estará para fechar negócio e maior deve ser a margem de negociação que você terá. Nas lojas em que os consumidores disputam a atenção de vendedores, a margem para negociação é bem menor.

Conheça seus limites. Antes de ir às compras, verifique o orçamento disponível para aquilo que você pretende comprar. Esteja preparado para cair fora da negociação caso esse limite esteja abaixo da melhor contraproposta feita pelo vendedor.

Conheça o que está comprando. Pesquise preços, pois, para a maioria dos produtos comercializados, haverá condição de pagamento melhor do que o famoso (e fictício) "parcelamento sem juros". Jamais entre em uma situação de compra sem antes pesquisar a média de preços no mercado e as melhores condições de pagamento. A internet facilita bastante esse tipo de pesquisa, seja pelos sites de comércio eletrônico, seja pelos serviços de comparação e pelos fóruns de discussão.

Pense duas vezes antes de comprar. Ao entrar em uma loja, escolha o produto, pechinche e chegue ao melhor preço, mas jamais feche a compra sem antes dar uma saidinha. Mesmo que queira comprar, peça licença por 10 minutos para refletir longe da influência do vendedor. Se, fora do ambiente de sedução, sua decisão não mudar, volte e feche negócio. Porém, em mais de 50% das vezes os compradores desistem da compra após pensar melhor.

Jamais feche uma
compra sem antes
dar uma saidinha da loja.
Se sua decisão não mudar,
volte e feche negócio.

◯ gustavocerbasi

Evite negociar a dois. Em um casal, sempre há um que negocia melhor do que o outro. Vendedores treinados identificam facilmente qual é a parte frágil e dirigem seus argumentos sedutores à vítima, que tende a dificultar o esforço de negociação do parceiro. Por isso, se ambos desejam participar da escolha, recomenda-se que o vulnerável entre primeiro na loja, avalie, faça uma primeira negociação e depois abra espaço para o negociador. Isso tornará a conversa mais objetiva.

Adote um personagem. Negociar não é natural para você? Imagine-se no lugar de algum bom negociador que você admira e finja ser essa pessoa enquanto negocia. Se precisar, adote o que se costuma chamar de máscara psicológica: mude seu sotaque ou jeito de falar ou vista-se de uma maneira a que você não está habituado, por exemplo.

No início, aplicar as técnicas pode não parecer natural. Porém, nenhum aprendizado é confortável no início. Se, no meio da negociação, você sentir que está perdendo o controle da situação, peça desculpas e se retire. Após algumas tentativas, o aprendizado acontece naturalmente e você começa a adquirir a malícia necessária a uma negociação mais bem-feita.

BOM CONSELHO Nº 5
Preserve. Cuide do que é seu, para não ter que comprar outro.

(Tommaso Cerbasi)

Eu me lembro muito bem dos brinquedos de que eu mais gostava na infância. Tinha uma predileção por carrinhos e jogos de tabuleiro, e muitos deles aproveitei por anos. Como toda criança, eu tinha meu baú de brinquedos, uma verdadeira bagunça, que de tempos em tempos era revirado para resgatar os preferidos.

Porém, lembro também que não tive todos os brinquedos que eu gostaria. Muitos dos meus amigos tinham autoramas e kits elaborados de Playmobil, presentes que eu não conseguia convencer meu pai a me dar, porque eram caros para nossa condição. O que não significa que ele não fosse generoso com os filhos, principalmente se comparássemos a realidade que eu e minha irmã tínhamos com a que ele teve na infância, com raros brinquedos artesanais e a maior parte da diversão acontecendo sobre um pé de figo.

Desde cedo aprendi também a vivenciar a máxima "o mais importante não é ter, mas ser amigo de quem tem". Não deixava de brincar com as coisas de que gostava, graças à convivência intensa e diária com meus amigos. E eu também levava meus brinquedos quando ia à casa deles, por isso era sempre bem-vindo.

Obviamente, no início eu considerava meu pai um sovina por não me dar algo que todos os meus amigos tinham. Quando eu ia a uma loja escolher meu presente de Dia das Crianças, ele argumentava muito antes de comprar.

– É esse mesmo que você quer? Vai cuidar bem dele? Não vai deixar tomando poeira na prateleira?

Eu me sentia sob pressão quando escolhia meus presentes, pois tinham que realmente valer a pena. Afinal, eu não tinha os privilégios dos meus amigos, que contavam com uma variedade maior de brinquedos. Por outro lado, isso me fazia ter um cuidado maior, pois, se quebrasse algum, ficaria sem opção. Os presentes menos frequentes eram tratados como preciosidades, enquanto meus amigos acumulavam brinquedos pouco usados.

"*Se quebrar, vai ficar sem.*" Esse conselho, todo pai e toda mãe dão. Acho que a diferença, no meu caso, foi que eu realmente segui o conselho, pois sairia perdendo muito se quebrasse um brinquedo. Obviamente, fiz minhas traquinagens, joguei carrinhos na parede, incendiei caminhões de bombeiro, perdi peças de jogos de tabuleiro. Mas, acredite, esses deslizes eram bem menos frequentes que os dos meus amigos. Eu era tido como uma criança que sabia zelar pelos brinquedos.

Conforme eu crescia, meus brinquedos mudavam, mas não o zelo. Sempre soube manter limpos, organizados e bem-cuidados meus livros, jogos e acessórios de videogame, CDs de música, medalhas de natação e equipamentos de informática.

O hábito de lavar o carro do meu pai nos fins de semana também envolvia muito zelo, com direito a passar produtos desembaçantes nos vidros e aspirar os tapetes. Meu pai cuidava do carro, da casa e dos equipamentos de trabalho como se cuidasse de uma criança. E exigia que todos fossem assim com seus pertences.

Em razão disso, não pude cultivar muito apreço por modismos, pois em casa simplesmente não havia verba para estar na moda. Mesmo porque os bens que tínhamos duravam mais. Alguns dos meus amigos trocavam de bicicleta todos os anos. Em toda a minha vida, tive apenas quatro bicicletas. A última, vendi com 16 anos de uso, e em ótimo estado. Outros amigos estavam sempre usando o tênis da moda, enquanto eu usava o mesmo par por quatro ou cinco anos. Meu videogame foi o Atari, e só. Muitos dos meus amigos tiveram Telejogo, Atari, Odissey, MasterSystem, Dynavision e MSX. Jogos de tabuleiro? Mesmo sendo uma das minhas diversões prediletas, talvez tenha tido menos de 10 até hoje.

Além disso, meu pai orientava que todos em casa contribuíssem para a acumulação de riqueza. Se ele viveu bem até o fim da vida, provavelmente foi menos pelo que ganhou e mais pelo que deixou de gastar.

A orientação de cuidar dos brinquedos também me tornou uma pessoa organizada. E a organização me ajudou a planejar melhor minha vida, incluindo as finanças e os investimentos. Creio que foi daí que veio a disciplina necessária para os sacrifícios que me conduziram à conquista de objetivos profissionais, financeiros e pessoais.

Com o tempo, percebi que, quando sabemos exatamente o que queremos, fica mais fácil alcançar o objetivo, principalmente se for altamente recompensador. Em outras palavras, acredito que disciplina não é algo que nasce conosco, mas algo que conseguimos quando dedicamos tempo e planejamento a entender o que nos move.

Nem sempre você terá a certeza do que o estimula. Nem sempre terá o tempo necessário para se organizar. Mas é certo que quanto mais desestimulado estiver com sua rotina ou quanto menos motivado estiver para sair da cama de manhã, mais urgente será a necessidade de parar, repensar prioridades e se organizar para alcançá-las. É dessa interrupção de uma rotina ruim que virá a motivação para manter a disciplina ao longo do prazo dos seus planos.

Aprendi essas regras dando algumas cabeçadas. O crescimento na carreira me trouxe grande aumento na renda e, principalmente, muita restrição de agenda. Ganhava muito, mas me faltava tempo para

Disciplina não é algo que nasce conosco, mas algo que conseguimos quando dedicamos tempo e planejamento a entender o que nos move.

◉ gustavocerbasi

desfrutar da vida. Como consequência, passei a contar mais frequentemente com serviços de conveniência, que cobram mais – muito mais – para que poupemos tempo. Em vez de ir comprar algo, mandava buscar. Passei a comprar em lojas perto de casa, sem pesquisar preço antes. Presentes? Passei a pagar mais caro por providenciá-los já perto das datas festivas, por falta de planejamento. Também comecei a equipar mais meu escritório, comprar mais acessórios eletrônicos e pagar mais por itens de conforto que antes eu não tinha.

Sentia que estava me premiando por minhas conquistas pessoais, um direito que todos temos. Meu consumo aumentou e, com ele, o nível de gastos. Quanto mais estressante estava o trabalho, mais autogratificações me permitia. Parecia bacana torrar um pouco mais, afinal, o dinheiro estava entrando com certa facilidade. Como consultor, tive a oportunidade de acompanhar centenas de pessoas em situação semelhante, de elevação de renda, e pude constatar que essa busca pela compensação é natural a todos aqueles que, em crescimento, sentem o peso do estresse. Resultado: gastos aumentam e a capacidade de poupança fica comprometida.

Meu pai sempre esteve por perto para me ajudar a refletir sobre uma compra mal pensada ou para criticar atitudes de desperdício. Obviamente, eu tinha desculpas para toda compra supérflua, do tipo "estava muito barato", "vou começar a usar em breve" ou "nunca se sabe quando precisaremos usar um desses". Desculpas universais, que fazem parte do repertório de todos aqueles que consomem sem dedicar o devido tempo para pensar a respeito.

Porém, aos poucos começou a se intensificar em casa um fenômeno que não era comum quando eu morava com meus pais ou no começo da vida de casado: o entulhamento de compras mal aproveitadas.

Eu e Adriana temos o saudável hábito de, a cada cinco ou seis meses, reservarmos um tempo para retirarmos do armário e doar itens que já não nos servem ou que por algum outro motivo não usamos mais. Fazemos isso com roupas, eletrodomésticos, pequenos móveis, brinquedos e utensílios do lar. Temos um grupo de amigos que organiza um bazar beneficente onde são vendidas as doações, e eles se encarregam de reverter a renda em benefício das próprias comunidades em que vivem os consumidores do bazar. O entulhamento a que me referi foi o acúmulo cada vez maior de bens que não queríamos mais usar, a ponto de passarmos a fazer as doações com frequência muito maior, a cada dois ou três meses. Antes, era uma sacola; a certa altura, passou a ser o porta-malas inteiro do meu carro, com bancos rebatidos.

Do ponto de vista da caridade, uma doação e tanto. Do ponto de vista de quem sempre foi muito seletivo e organizado nas contas, cada vez que eu enchia meu carro, via uma montanha de dinheiro mal aproveitado. Não estava nem um pouco confortável com aquilo. A caridade não era bom argumento para gastar mal meu dinheiro. Parecia-me muito mais sensato me esforçar para reunir as doações de diversos amigos, em vez de reciclar montanhas dos meus recursos.

Durante dois ou três bazares, tolerei minha própria indisciplina e fui responsável pela maior parte das doações, mas o desconforto me fez mudar hábitos aos poucos. Percebendo que muitas compras resultavam em bens pouco usados, comecei a resgatar antigas práticas, como estipular limites para a verba de compra, levar Adri a toda negociação de maior valor e jamais tomar uma decisão de compra dentro da loja, imerso no ambiente de sedução.

Aos poucos, passei a consumir menos, as compras começaram a durar mais e diminuímos sensivelmente nossos descartes. É claro, o senso de caridade nos deixou constrangidos com a diminuição do volume de doações, o que nos motivou a ir atrás de mais contribuições com amigos e parentes. Hoje, ainda encho meu carro mais de uma vez a cada bazar semestral, mas tenho um consumo familiar mais disciplinado: compro menos e gasto menos, o que faz sobrar mais recursos para viagens, nosso hobby familiar favorito.

Não foi difícil retomar a disciplina financeira, pois eu já tinha o hábito. Se você quer adotar o mesmo padrão de escolhas mas nunca o praticou, precisará de uma dose maior de boa vontade. Mas, acredite, é preciso se esforçar apenas no começo do processo de mudança. Disciplina, reitero, se adquire com treino.

Tive a felicidade de ser intensa e longamente treinado por meu pai, um expert na seletividade de compras. Seus hábitos se enraizaram em mim, e percebo que o mesmo se deu com minha irmã. Ela não é sovina, mas resiste longamente a uma compra antes de tomar a decisão final. Quando o faz, é geralmente para adquirir algo que lhe traga benefício duradouro.

Pratico o que chamo de qualidade de consumo. Uso meu dinheiro em qualquer tipo de compra, desde que seja algo que me traga bem-estar duradouro ou lembranças realmente memoráveis. Prezo mais pela qualidade do produto do que pela imagem que ele possa transmitir.

Nesse mundo de modismos cada vez mais descartáveis, sou adepto do clássico. Nada de vestir o que dita a moda – prefiro o trio jeans, tênis e camiseta branca. Nada de comprar a tecnologia da moda – assim que surge um modelo novo de celular ou computador, compro a versão anterior, por um preço bem mais baixo. No curto prazo, tenho a sensação de deixar de aproveitar o que há de melhor em tecnologia, mas, considerando que compro telefones, computadores e carros para durarem mais tempo, são modelos já testados e bem avaliados por sites especializados, menos propensos a quebrar e dar bugs. É outro fator que me faz gastar menos. Na hora de revender um artigo, tanto faz se ele é muito usado ou muitíssimo usado. O mercado paga o mesmo para itens totalmente depreciados.

Dos automóveis que compro, cuido para que durem e desfruto deles como se precisasse tê-los na garagem por muitos anos. Hoje o dinheiro não me falta, posso comprar o carro que quiser, mas meus últimos três veículos ficaram comigo por mais de quatro anos, o último ficou 12, e os vendi com avaliação de carros bem-cuidados. Se não carregasse comigo esse Bom Conselho, provavelmente teria despendido muito mais dinheiro nesse período, em quatro ou cinco automóveis, fora os tão comuns juros de financiamentos.

Hoje, cuido dos investimentos e do planejamento de minha independência financeira da mesma forma que sempre cuidei de meus bens. Eles devem ser mantidos e administrados de forma a não faltar em minha vida. Obrigado, pai, por me ajudar a fazer escolhas sustentáveis, em todos os sentidos.

O CONSELHO QUE MEU PAI DARIA A VOCÊ

Ser sustentável é mais do que fazer um gesto eventual pelo futuro. Plantar ou abraçar uma árvore é um bom começo, mas raramente esse começo se repete por semanas ou meses seguidos. Sustentabilidade começa em casa, pelo que você faz para que sua existência não se torne um problema para as demais pessoas neste mundo. Isso tem a ver com a maneira como você aproveita a água, a energia, os insumos e os alimentos. Mas tem também a ver com a maneira como lida com seu orçamento.

Quem lida de maneira desequilibrada com o dinheiro está criando problemas futuros não somente para a própria vida, mas também para a das pessoas com quem convive. Aqueles que têm dificuldades para poupar serão dependentes da ajuda do governo ou de familiares. Sem cuidar de seu futuro, precisarão de apoio financeiro e comprometerão o consumo dos filhos, forçando-os também a uma situação de privações e de dificuldade de poupar e, consequentemente, fazendo com que também venham a se tornar dependentes da ajuda do governo ou de familiares. É um círculo vicioso. Quem se planeja e poupa o suficiente para viver no futuro com o rendimento do próprio patrimônio deixa de ser um ônus para o Estado. Se gastasse menos com o auxílio às famílias com condições de fazer esse planejamento, o Estado teria mais recursos para administrar o interesse coletivo, incluindo a preservação do meio ambiente e o investimento em tecnologias para a sustentabilidade.

É curioso perceber, contudo, que poupar não basta. Aqueles que poupam demais, seja por ganância ou por temor excessivo, limitam a circulação do dinheiro na economia. Com comércio, indústria e serviços faturando menos, o governo tem que investir pesado em subsídios e políticas de compensação e incentivo. Gastando mais do que deveria com o equilíbrio da sociedade no presente, o Estado está deixando de cuidar do futuro. Ou seja, está deixando de adotar políticas de sustentabilidade.

A essência do planejamento financeiro deve ser a busca do equilíbrio. No dia em que cada família souber consumir com qualidade, ou seja, maximizando sua satisfação com cada compra, aproveitará melhor o que consome e, consequentemente, consumirá em menor quantidade. Se preservar os bens que consome, estes durarão mais e gerarão menos descartes. Isso naturalmente já contribui para o meio ambiente, sem muito esforço adicional. Nesse caso, se abraçar uma árvore o faz feliz, continue fazendo isso, nem que seja apenas para sua satisfação pessoal.

Se você acha que o cuidado com meus bens é uma postura um tanto excêntrica, saiba que ela é comum em países de cultura mais tradicional e economia mais estável, como os europeus.

Mudar hábitos significa fazer escolhas diferentes não só daquilo que você está acostumado a fazer, mas também influenciar seus conhecidos. Para ter mais qualidade de consumo, você precisará, portanto, ser perseverante.

Como a recompensa não é pequena, sugiro apenas que você insista. Para facilitar, compartilhe a ideia com pessoas próximas e tente fazer com que elas mudem também. Se conseguir que o time jogue a seu favor, sua tarefa será bem mais fácil – explico melhor essa ideia de time no Bom Conselho número 8.

BOM CONSELHO Nº 6

Simplifique. Não complique, faça-se entender.

(Hermenegildo Sgargeta)

Considero meus tempos na Fazenda Pinheiro como os mais marcantes e importantes do início da minha vida. Hoje, a cada chá de cidreira que tomo antes de dormir, fecho os olhos e me delicio no aroma da infância passada na fazenda em que trabalhava meu tio Gildo. Lembro-me com saudades de acordar cedo, com o sol raiando e o galo cantando, pegar minha caneca com um pouquinho de café torrado na véspera e recém-coado e caminhar 200 metros até a cocheira, para encher a caneca com leite quentinho e espumante, diretamente da teta da vaca. Também ficaram fortemente gravadas na memória as tardes inteiras trepado no pé de amora, comendo frutinhas até não poder mais. E que bom era o café maduro comido direto do pé, as macarronadas preparadas pela minha tia, as polentas nos dias frios, as mangas que eu comia até com casca e as dúzias de bananas que eu devorava mesmo sem muita vontade, só para ter mais cascas para jogar às galinhas. Segundo minha mãe, eu ganhava na balança 1 quilo para cada três dias de fazenda. E era bom demais!

Como administrador da fazenda, meu tio tinha uma casa espaçosa, onde recebia a família de tempos em tempos. Não havia espaço para todos dormirem, por isso a maioria passava o dia e ia embora. Eram típicos dias de reunião de nossa família italiana. Todos chegavam cedo, as mulheres se reuniam na cozinha, em volta do fogão a lenha, e os homens se sentavam em roda para prosear. Elas se revezavam no trabalho de preparar e esticar a massa do macarrão, depenar os frangos, descascar os tomates do molho, untar as formas das focaccias, espremer as laranjas e lavar a salada. Enquanto isso, eles só proseavam, bebericando pinga de alambique ou cerveja. Já as crianças corriam pela fazenda, aprontando nas inúmeras atrações que a natureza oferecia. Não faltava diversão.

Os dias eram intensos, divertidos e ricos. Minha vontade era que cada um daqueles dias não acabasse nunca. Para uma criança da cidade, como eu, conviver com porcos, galinhas, gansos, tratores, pés de amora, torrefação de café e uma infinidade de outras curiosidades era uma oportunidade inestimável. A mais valiosa de todas as formas de educação vinha de uma rotina extremamente simples. Aliás, simplicidade era um dos mais importantes valores pessoais de meu tio.

– Xi, tio, pisei no cocô da vaca...
– Eeeee, Gustavo... Isso não é cocô... é bosta mesmo!

Era assim que eu aprendia sobre a vida no campo com meu tio Gildo. Sempre havia uma tirada engraçada, uma palavra mais marcante, uma forma irônica de dizer que o pessoal da cidade conhecia pouco da vida.

Tio Gildo tinha uma cabeça incrível, alimentada por uma curiosidade infinita, que fazia de uma simples prosa uma oportunidade de troca de conhecimentos e de lições de vida. Sua fala era envolvente porque ele realmente se interessava pelas pessoas a seu redor, sem fingimentos, e, com sua lábia, fazia com que se interessassem pelo seu conhecimento e suas ideias.

Antes de falar, no entanto, era bom de ouvido. Uma forma tradicional de iniciar prosa com alguém que acabara de conhecer era com um discurso como este:

— Muito prazer, sou Hermenegildo Sgargeta Filho, esposo de Dona Teresa. Então você é Fulano, de São Paulo? Meu amigo Gustavo, que muito te admira, me falou que você é bom de ideias e muito competente no trabalho, é verdade?

Ele envolvia de todos os lados, sabia elevar o moral de seus interlocutores, prepará-los para soltar o verbo e também para dar atenção a suas histórias. Tio Gildo não conseguia ficar mais de cinco minutos sem uma piada, uma frase de duplo sentido ou, ao menos, uma tirada irônica. Ele tinha que estar muito mal para não expor sua marca registrada: um leve sorriso sarcástico enquanto proseava.

As conversas com ele assumiam as mais variadas vertentes possíveis. Mesmo sem dominar alguns assuntos, perguntava muito até se inteirar. Sua humildade tornava impossível rotulá-lo como intelectual. Seu conhecimento era vasto, mas não era pelo conteúdo que ele impressionava. Tio Gildo era um homem que primava pela forma de se comunicar. Em outras palavras, o que fazia a diferença não era *o que* ele dizia, mas *como* dizia.

Sem meias palavras, perguntava da vida das pessoas, descobria os rancores de cada um e fazia com elas uma terapia enquanto bebericava uma pinga ou se preparava para se sentar à mesa do almoço.

Uma vez servida a refeição, o show era dele. Não importava se estava diante de um governador de estado, um executivo, uma dona de casa ou um sobrinho. Qualquer interlocutor se seduzia pelo papo e acabava se interessando pela inseminação artificial de cabras ou pela nova variedade híbrida de eucalipto. Por mais estranho que fosse o assunto, era ótimo ouvi-lo falar, orgulhoso, de sua especialidade.

Acredito que aprendi muito mais de botânica enquanto devorava bacias de alface ao lado de meu tio do que nos vários anos de biologia na escola. (Devorar bacias de alface não é força de expressão. Tio Gildo realmente comia, durante as refeições, uma bacia inteira de salada, daquelas de fazer escalda-pés. Exagero? Se você provasse o sabor da alface que meus tios cultivavam na fazenda, não se surpreenderia. Ok, entendo se você estiver pensando que alface não tem sabor. Aposto que mudaria de ideia se provasse uma daquelas...)

Era assim, com suas manias, particularidades e maravilhas da vida no campo, que tio Gildo se tornou uma grande personalidade em nossa família. Por mais fascinante que fosse a Fazenda Pinheiro, por únicos que fossem a comida italiana e o carinho da minha tia Teresa, por mais divertido que fosse reunir a família, ao final do dia partíamos da fazenda pela estrada de terra rindo sozinhos e comentando como era bom estar ali. Tio Gildo era o grande maestro dessa sintonia familiar.

O motivo? Era uma pessoa simples.

Essa admiração não ficou apenas na memória da família. Muitos de nós, quando hoje nos reunimos para um almoço italiano ou levamos nossos filhos a um rancho no meio do mato, de alguma forma reproduzimos ou recordamos hábitos do Girdão.

É impressionante como meu primo Edson Ustulin, genro de tio Gildo, exibe a mesma prosa, os mesmos trejeitos, atitude e manias do sogro quando nos convida para um jantar ao redor da fogueira em seu rancho em Barra Bonita. Esses momentos me emocionam muito, pois sei que nessas horas tio Edson é para meus filhos – Guilherme, Gabrielle e Ana Carolina – o que tio Gildo foi para mim. São momentos impagáveis. Nem todo o dinheiro do mundo pagaria a simplicidade da reunião da família em festa, preparando e comendo o que foi colhido no próprio rancho.

Essa simplicidade do tio Gildo que tanto me recompensou na infância, aliada ao caráter pacato do vô Bruno, moldou o foco que dei a meu trabalho. Mesmo antes das dúvidas na hora de escolher minha profissão eu já sabia que gostava de estar entre pessoas, de conhecê-las e de contribuir, de alguma forma, para que suas vidas melhorassem. Só não sabia como conciliar isso com minha enorme timidez, mas isso eu resolvi depois – falarei mais sobre isso nos próximos capítulos.

O fato é que, tendo meu tio como modelo a ser seguido, aprendi a valorizar as pessoas não pelos títulos que tinham, mas por sua capacidade de transformar o mundo. Jamais admirei uma autoridade unicamente por seu cargo, nunca me submeti ao beija-mão de uma personalidade famosa e não tenho motivo algum para chamar nenhum político de Vossa Excelência ou Vossa Majestade. Mas faço questão de reverenciar uma boa mãe, um professor, um comerciante honesto ou um trabalhador que atravessa uma noite em claro, sem que lhe peçam, para resolver problemas da empresa em que trabalha.

Nunca me conformei com o desrespeito de médicos que aviam receitas com letras incompreensíveis. Será que, com tantos anos de estudo, não puderam dedicar um tempinho a treinar a caligrafia? E o que dizer de gerentes de banco que se valem de um blá-blá-blá técnico para enrolar clientes e convencê-los a adquirir um produto financeiro de que não precisam?

Quando estudei Administração, frequentei aulas de professores que eram ministros, senadores, prefeitos, presidentes de empresas ou qualquer outro rótulo de autoridade, mais pelo networking do que para aprender alguma coisa, pois os professores famosos mal tinham tempo de preparar suas aulas. Não sabiam se comunicar, eram arrogantes e não faziam avaliações rigorosas demais. Fiz uma dessas matérias e decidi nunca mais montar minha grade de estudos pelo título do professor. Nos semestres seguintes, me inscrevi somente nas dos professores mais bem-avaliados.

Mesmo assim, me deparei com incontáveis exemplos de incompetência no mundo da administração. Por exemplo, nas aulas de Direito éramos solicitados a interpretar os chamados acórdãos judiciais, publicações que listam as decisões de juízes acerca dos mais variados temas em julgamento. Era impressionante como, mesmo após ler duas ou três páginas do parecer, era praticamente impossível entender se o juiz havia sido favorável ou contra a petição em questão. Os textos tinham uma linguagem tão técnica, com uma construção gramatical tão arcaica e cheia de vícios, que nossa conclusão, como alunos, era que juízes escreviam de maneira que somente juízes e advogados entendessem. Especialistas escrevendo somente para especialistas, como se o resto do mundo não tivesse interesse ou nada a aproveitar de seu trabalho.

A situação não é diferente entre policiais, religiosos, gestores financeiros, advogados, corretores, cientistas, médicos. Certa vez, minha irmã, que é dentista, me disse, após uma avaliação:

– Pelo que estou vendo aqui, só precisarei fazer uma profilaxia.

Eu me espantei, pois achava que estava cuidando bem dos dentes, e perguntei se o tratamento seria longo e doloroso, pois, na época, tinha muito medo de injeções.

– Não, profilaxia é o mesmo que limpeza...

Ora, qual a dificuldade de ser clara na comunicação? Se tio Gildo fosse dentista, diria que estava tudo "uma beleza", que eu estava de parabéns com minha higiene bucal e que ele só iria fazer uma higienezinha extra com produtos específicos para eliminar possíveis contaminações que os olhos não podiam ver.

Usar linguajar técnico tem utilidade quando nos comunicamos entre especialistas. Quando especialistas querem impor autoridade a leigos e fazem isso com uma exibição de termos incompreensíveis, tornam-se petulantes. Mais do que isso: tornam-se inacessíveis.

Já expliquei como, no começo da carreira, a falta de conhecimento técnico foi importante para que meus laudos se diferenciassem daqueles que o mercado estava acostumado a ver. Graças a isso, me destaquei entre uma multidão de pessoas que tinham um conhecimento teórico bem maior que o meu.

Pouco tempo depois, fui convidado a cursar o mestrado, para ter uma titulação compatível com a função que eu estava começando a exercer, de professor de pós-graduação. Veja que mundo paradoxal: fui convidado a dar aulas pela minha habilidade, experiência e unicidade do meu trabalho, mas teria que dar um jeito de adquirir um título que me igualava a outras pessoas.

Um tanto a contragosto, cursei o mestrado, e me vi obrigado a escrever uma dissertação para conclusão, em linguagem técnica o suficiente para não ser confundida com um texto não acadêmico. Em outras palavras, minha dissertação só seria aceita se eu fosse capaz de escrever em uma linguagem pouco acessível.

Fiz por obrigação, tirei nota 10 por respeito aos meus orientadores, mas percebi que não teria vida longa no mundo acadêmico. Afinal, queria me comunicar com pessoas comuns, mudar suas vidas, e não com aquelas que já sabiam o que eu estava estudando, que se preocupavam mais com a forma do que com o conteúdo de um trabalho ou uma pesquisa.

Após o mestrado, tive certeza de que meu trabalho não seria para pessoas do meu nível de conhecimento, que eram capazes de transformar a própria vida, mas para aqueles que precisavam de um empurrãozinho extra para entender as oportunidades que estavam por trás de ideias muito presentes na mídia mas compreendidas por poucos.

Inspirado por meu tio Gildo, decidi que, com um pouco de prosa, atrairia pessoas para uma conversa que elas acreditavam que não gostariam de ter mas que, com argumentos certos, mudaria suas vidas.

Foi essa a fórmula do meu livro de maior sucesso, *Casais inteligentes enriquecem juntos* (Sextante, 2014), com mais de 1 milhão de exemplares vendidos. Sabendo que os brasileiros têm resistência a discutir sobre dinheiro, escrevi um livro sobre relacionamentos – tema bem mais ameno e presente em diversas outras publicações. Muitas pessoas interessadas em melhorar seu relacionamento acabaram esbarrando na minha obra e perceberam o que poucos livros mostravam: que grande parte dos problemas de relacionamento tem a ver com a dificuldade natural de conversar sobre dinheiro.

Eu poderia recorrer a técnicas e estatísticas de economia para transmitir meu recado, ou usar conceitos e referências da psicologia, como muitos especialistas fazem nos programas de televisão. Mas, em vez de argumentar com contas ou com termos complexos, optei por me comunicar como se estivesse conversando e contando histórias aos meus leitores. Ao prosear como meu tio Gildo, me fiz entender na escrita melhor do que profissionais muito mais experientes do que eu.

Lembre-se de que, pelo Bom Conselho número 1 de meu pai, eu não chegaria a lugar algum se não tivesse estudos, conhecimento formal e títulos no currículo. Por outro lado, se tivesse me valido apenas de títulos para me impor, acredito que talvez até tivesse tido sucesso, mas dificilmente teria ido além do êxito mediano.

Creio que fui muito bem-sucedido em minha carreira, até então, por transmitir minhas ideias de maneira que a maioria das pessoas compreendesse e por ter títulos e currículo para comprovar que essas ideias não surgiram do acaso. Hoje, não vejo tanta utilidade em meus diplomas, pois o argumento que uso para vender meu trabalho é a opinião pública.

Recomendo que você procure desenvolver sua comunicação e seu carisma e que dê atenção a todos a seu redor, não apenas àqueles que podem lhe proporcionar alguma ascensão em sua carreira. Se você é bom no que faz, desenvolva seu marketing pessoal, para que um número cada vez maior de pessoas propagandeie suas qualidades, inclusive o porteiro do prédio ou o jornaleiro.

Não basta ser bom, é preciso também parecer bom. Só assim você crescerá contando com a admiração dos outros, e não com sentimentos de inveja a seu redor. Em outras palavras, não basta ser muito competente no que você faz, é preciso desenvolver seu marketing pessoal, criar estratégias para que espalhem aos quatro ventos sua competência e lhe deem boa reputação.

Estamos acostumados a idolatrar as pessoas erradas, aqueles que impõem suas credenciais fajutas e vivem pelo poder. Ninguém se torna autoridade em seu ramo por imposição, e sim por reconhecimento. Deveria ser assim, no meu entender. Ao procurar a aula de um professor estrelado, talvez você consiga fazer networking ou postar uma foto bacana no seu Instagram, mas não necessariamente vai obter conhecimento. Ao bajular um mau político em campanha, você aumenta as chances de conseguir um cargo, mas não de resolver os problemas de sua cidade. Ao comer no restaurante da moda, talvez você impressione sua amada, mas corre o risco de não saciar

Não basta ser bom,
é preciso também
parecer bom.

◉ gustavocerbasi

sua fome. O rótulo nem sempre entrega bom conteúdo. Prefira seguir as pessoas pela reputação do trabalho delas, e não pelo que elas próprias afirmam ser ou pelo seu status.

Obrigado, tio Gildo, por ter sido uma grande autoridade em minha vida, digna de todo o meu respeito, e por ter servido de exemplo para que eu aprendesse a ser respeitado por aqueles que eu toco com minhas palavras, meu exemplo e meu trabalho.

O CONSELHO QUE MEU TIO GILDO DARIA A VOCÊ

Felizmente, cada ser humano é único. É isso que nos faz aprender e nos encantar uns com os outros. Porém, a diversidade também cria barreiras de comunicação, desperta a inveja e afasta pessoas, seja por preconceito, seja por incompatibilidade de intenções.

Se você pretende trabalhar em grupo, procure entender as diferenças, conversar e conhecer esse grupo. É a isso que se chama empatia, habilidade que pode ser desenvolvida à medida que você procura se interessar mais pelas pessoas com quem convive.

Mais: se você quer liderar esse grupo, desça do salto alto e converse usando a linguagem da maioria, dando atenção a suas dúvidas e medos e valorizando suas sugestões, por mais simples que sejam. Comunique-se com clareza e procure ouvir e compreender seus interlocutores para também ser compreendido. Essa atitude ajuda a evitar que você seja visto como arrogante, característica tipicamente atribuída aos bem-sucedidos.

Ser humilde não é desvalorizar o que você tem de melhor. Uma boa estratégia de marketing pessoal é saber se promover na linguagem do público que você quer que o reconheça.

Peça frequentemente a opinião de outros sobre seu desempenho no trabalho. Dê atenção especial à opinião e aos comentários de seus subordinados. Se tiver dificuldades para fazer isso, recorra à ajuda de assistentes ou de maneiras impessoais de avaliação, como questionários anônimos. A avaliação feita por quem não se identifica é, obviamente, muito mais sincera e valiosa do que aquela que possa ser confundida como uma forma de intimidação por parte de superiores.

Peça também a opinião de amigos sobre sua atitude no trabalho e na vida social. Além de críticas construtivas, bons amigos também nos dão sugestões de como crescer, pois são as pessoas que melhor nos conhecem.

Por mais técnico, competente e diferenciado que você possa ser, procure ser também, acima de tudo, um ser humano simples e consciente de que é falível. Esse é o caminho para estabelecer relações de empatia e poder contar com as pessoas para crescer na vida.

BOM CONSELHO Nº 7
Aproveite. Sua riqueza é maior do que você imagina.

(Hermenegildo Sgargeta)

– Rico de dinheiro, a gente não é. Mas, pode ter certeza, não falta nada. A gente é feliz.

Toda vez que o assunto à mesa do almoço tendia para sucesso ou prosperidade, tio Gildo nos premiava com esse ensinamento.

E como duvidar de alguém que afirma frequente e convictamente que é feliz?

De fato, tio Gildo e tia Teresa tinham seus argumentos. Na Fazenda Pinheiro, sentiam-se seguros, pois tinham contato diário com os donos da fazenda e com os clientes que compravam insumos. Se tivessem algum acidente ou problema de saúde, estavam a menos de uma hora de São Paulo e de Campinas, dois grandes centros com bons serviços médicos. Mesmo assim, tio Gildo mantinha uma farmacinha doméstica com todo tipo de medicamento útil em urgências, incluindo diferentes soros para picadas de insetos venenosos.

Preocupação com isolamento social? Nem um pouco. Todos os dias havia alguém de passagem pela região de Itupeva que fazia questão de incluir no roteiro uma pausa para um café com prosa com *Seo* Hermenegildo. Não raro eram pessoas famosas, como políticos e artistas. Além disso, todos os finais de semana algum parente os visitava.

A maior parte do que consumiam e serviam aos amigos e parentes era produzida na fazenda. As culturas eram orgulho de meu tio e assunto para conversas. A colheita era ocupação de minha tia e diversão das crianças. Enquanto meus amigos brincavam de esconde-esconde nas perigosas ruas da cidade, eu brincava de procurar ovos de pata em meio à plantação de abóboras. Há pouco tempo, ao comentar com minha tia sobre como isso era divertido, ela confessou:

– E você não sabia como eu ficava preocupada, enxotando as cobras que rastejavam na plantação... Mas a diversão valia o trabalho que dava!

De tempos em tempos, tia Teresa ia ao centro da cidade para comprar insumos básicos, como arroz, farinha e açúcar. Quando eu ou outro sobrinho estávamos hospedados na fazenda, o trajeto era feito de charrete, uma diversão a mais. Chegando à cidade, ficava claro para mim o quão queridos eram meus tios. Enquanto a charrete cruzava as ruas da cidade, éramos cumprimentados por frentistas, policiais, lojistas, moradores sentados à porta de suas casas e vereadores.

Frequentemente, minha tia levava na charrete um bolo ou uma torta, para dar de presente a conhecidos em Itupeva. Em sinal de gratidão, era comum que ela recebesse algo, como um vinho, para ela ou meu tio. A troca era sempre acompanhada de muita conversa, o que fazia com que as visitas à cidade durassem uma tarde inteira.

É ingênuo quem imagina a vida no campo como monótona, isolada e sem atividades. Os dias na Fazenda Pinheiro eram intensos e muito bem aproveitados, das cinco da manhã às nove da noite.

Eu acordava inspirado para pegar minha canequinha com café e caminhar até o estábulo das vacas, ainda com o sol nascendo no horizonte. À noite, quando acabava o *Jornal Nacional*, tomava meu chá de cidreira e desmoronava na cama, exausto das atividades do dia. Provavelmente, tão exausto quanto qualquer outra criança em férias. A diferença, porém, era que eu não havia passado o dia com brinquedos, videogame ou bicicleta. Minha exaustão vinha de acompanhar o trabalho de meus tios, subir em cercas, correr atrás de pequenos animais, subir em árvores, brincar de esconde-esconde com meus primos entre árvores e cactos e correr em meio a plantações.

Não sentia falta de brinquedos, o que facilitava o convívio com o Bom Conselho número 5, de preservar os poucos que tinha. Qual a necessidade de muitos objetos se a maior diversão era com pessoas, animais e a natureza?

Desde aquela época eu entendia os argumentos de meu pai de que não adiantava ter muitos brinquedos, pois, se eu fosse brincar com todos eles, não teria tempo para ir à fazenda.

O melhor exemplo da riqueza de meus tios está na honra de terem sido convidados para apadrinharem cerca de 100 casamentos e batizados – pouco menos do que isso, na contagem de tia Teresa. Esse reconhecimento de caráter foi, sem dúvida, a maior conquista de meus tios.

Eles eram ricos com pouco dinheiro, mas não porque se esforçassem em economizar. Gastavam pouco como consequência de hábitos prazerosos e criativos, de um rico convívio social que lhes provia uma suficiência que muitos endinheirados não conseguem encontrar em sua vida cheia de obrigações e pouco desfrute.

Aprendi, com isso, que economizar não é suficiente para enriquecer. Se você simplesmente corta gastos, na prática está podando elementos de seu bem-estar, conforto ou prazer. É um grande paradoxo fazer economia através do empobrecimento de escolhas.

Economizar só tem sentido dentro de um contexto de busca por uma vida mais rica em momentos, experiências e convívio. Esses elementos são fundamentais para preencher o espaço que a loucura da vida moderna nos faz preencher com consumo. Na verdade, o consumo acabou ocupando o importante espaço que esses elementos tinham quando as pessoas eram menos obcecadas pelo sucesso individual.

Foi graças a essa minha percepção que passei a orientar as pessoas para que buscassem uma vida rica não no futuro, mas no presente. Em meu trabalho, enfatizo que planejamento financeiro não é cortar gastos e fazer poupança, mas adotar um estilo de vida equilibrado e sustentável, de modo que não faltem recursos no futuro.

Em meu livro *Pais inteligentes enriquecem seus filhos* (Sextante, 2019), oriento que as crianças precisam mais de pais e menos de coisas. Pais ausentes têm que compensar os filhos com atrativos à venda nos shopping centers, enquanto pais que se envolvem com os filhos criam, a cada minuto de atividade e atenção, um minuto a menos de vontade de ter novos brinquedos. Como já expliquei, o grande mérito de meu pai, Tommaso, foi encontrar seu jeito de manter os filhos envolvidos com a família.

Família, para ele, era todo ambiente em que os filhos pudessem estar sob os cuidados de adultos de valores pessoais fortes, que prezassem pela saúde, pelo respeito, pela vida em sociedade e pela construção honesta de suas conquistas. Era assim nas férias na fazenda, no tempo em que moramos com meu avô e na equipe de natação.

O cerne de uma família rica está na atitude e no exemplo dado pelos pais, ou por quem quer que assuma esse papel parental. Conduzido pelos meus pais, estive sempre rodeado de pessoas em quem podia confiar para expor meus medos e fraquezas. Mesmo sendo um jovem tímido, convivia com pessoas a quem podia chamar de meu grupo, ou minha família.

Nada contribuiu tanto para minha segurança e para minha autoestima quanto essa gostosa sensação de estar rodeado das pessoas certas. Não importava onde estivesse, eu estava com minha família.

Esse sentimento voltou à pauta em 2004, quando decidi aceitar a aventura de ser sócio de um amigo em uma empresa em Toron-

Economizar não é suficiente para enriquecer. Se você simplesmente corta gastos, está podando seu bem-estar, conforto ou prazer. É um grande paradoxo fazer economia através do empobrecimento de suas escolhas.

◉ gustavocerbasi

to, no Canadá. Estava para jogar para o alto duas carreiras muito bem-sucedidas, a minha e a da Adriana, para assumir um projeto que poderia não dar certo – e realmente não deu. Antes de partir, confidenciei a ela que sentiria muito arrependimento caso nossos planos dessem errado e tivéssemos que voltar ao Brasil para começar tudo novamente.

A resposta dela praticamente nos catapultou para o Canadá:

– Estamos recém-casados, acho que a hora de experimentar é agora. Se der certo, estaremos muito felizes. Se não der, estaremos juntos para recomeçar. Eu jamais te abandonarei por tentarmos construir juntos algo melhor. Eu sou sua família e estarei sempre com você.

O "estar comigo" sempre teve um significado maior do que simplesmente apoiar. Nos estudos, meu pai passou a ser um confidente, me ouvindo e me aconselhando a cada curso avulso que escolhia e a cada convite de trabalho. No Canadá, eu e a Adriana refizemos nossas contas e nossos planos diversas vezes, e sempre nos sentimos seguros de cada decisão.

Por isso, entendo que uma pessoa será melhor se conseguir experimentar mais oportunidades dadas pela vida. Para fazer isso, precisará de autoconfiança, conhecimento e apoio de pessoas queridas. Ou, se tiver pouco desses ingredientes, precisará de muito dinheiro. Na falta deste, tive de sobra dos demais.

Minha maior riqueza, acredito, é a segurança que vem do reconhecimento de que minha autoestima depende mais de mim mesmo do que de fatores externos. E o "mim mesmo" a que me refiro é muito mais amplo do que eu como indivíduo. Considero minha família parte de mim. Isso me permitiu aproveitar melhor as diferentes oportunidades que a vida me deu. Me ajudou a prosperar muito.

Eu poderia creditar à Adriana ou ao meu pai o conselho de aproveitar a vida e contar com a família, mas credito a meu tio Gildo porque foi com ele que comecei a ter experiências realmente fascinantes e fora do que era comum para crianças da minha idade.

Por exemplo, a diversão de estar na fazenda me proporcionou

uma infância saudável, com pés na terra, diferentes visões de mundo e um aprendizado infinito. Qualquer família pode proporcionar a seus filhos passeios de final de semana por zonas rurais, mas esse convívio íntimo com a vida do campo nem sempre é acessível. Quando pais superprotetores da cidade levam seus filhos para o campo, geralmente os privam de experiências, impedindo-os de passar a mão nos animais, de comer terra, de correr pelo mato.

Meus pais tinham essa tendência, mas tio Gildo se impunha com sua simplicidade:

– Eita, deixa o moleque aqui com a gente e para de dar conselho. Podem ir embora que aqui ele está em família. Se uma cobra morder, eu dou uma injeção bem grande e dolorida nele, que a dor da picada passa rapidinho. Podem ficar tranquilos.

Graças a essa "tranquilidade" de meu tio, fui mordido por cães, atacado por perus, comi frutas estragadas e cheguei a ser atacado por um enxame de abelhas, mais de vinte dolorosas picadas. O resultado: aproveitei a fazenda como poucos.

Quando eu tinha 3 anos, comecei a gostar dos porcos que via na fazenda. Fiquei sabendo que eram criados para abate, e me comovi. A princípio, queria levar um filhote para casa, mas os porcos grandes me demoviam dessa ideia. Pedi, então, que meus tios me deixassem assistir ao abate.

Qualquer pai tenderia a poupar os filhos de um ato como esse. Meus pais estavam à mesa quando fiz esse pedido e imediatamente disseram que não era uma boa ideia, que eu poderia ficar assustado. Foi quando tio Gildo interferiu:

– Que assustado, coisa nenhuma! O menino tem que conhecer as coisas da fazenda, saber de onde vem a carne que ele come. Amanhã o açougueiro vem buscar uma porca e o Gustavo vai assistir.

No dia do abate, meu tio me levou ao chiqueiro e começou a me explicar o nome que tinha cada parte do porco, apontando para o animal ainda vivo. Foi ali que conheci lombo, bisteca, costela, pernil, e até fiz um carinho na futura pururuca.

O abate em si realmente parecia chocante, mas as explicações que ele dava amenizavam meu espanto.

Acompanhei todo o processo, incluindo a limpeza do bicho. Ao final, enquanto minha tia enrolava a tripa no braço, fiz a pergunta final de minha primeira aula de anatomia:

– Pra que é isso, tia?

– É para fazer linguiça. Não sabe como é? A gente tira a tripa de dentro do porco e depois põe o porco dentro da tripa!

Naquele final de semana, comi linguiça que vi ser produzida. Anos depois, vendo amigos suarem a camisa para estudar para provas de biologia, valorizei ainda mais as diversas aulas de anatomia, botânica e genética que tivera na fazenda.

Percebe o quanto um fato comum da vida pode ser um momento extremamente rico? Enquanto muitas crianças teriam sido privadas de uma experiência instrutiva, a postura serena de meus tios me proporcionou momentos fascinantes.

Se você busca uma vida mais rica, não espere ter dinheiro para só então começar a aproveitar. Construa patrimônio com planejamento, mas se esforce para aprender a viver com mais qualidade. Aproveite a riqueza que você já tem.

Enfatizo que não estou pregando aqui a ideia de que devemos viver com recursos mínimos ou de maneira espartana. A filosofia hippie de viver apenas com um amor e uma cabana caiu por terra no nosso mundo capitalista, em que qualquer escolha envolve trocas financeiras. Sou a favor do planejamento para que você tenha prosperidade material, mas o bom senso diz que, se soubermos usar melhor nosso dinheiro e aproveitar melhor os recursos que já temos, precisaremos nos esforçar menos para que nosso estilo de vida se sustente até o final de nossa vida.

Cuide do futuro, mas também viva um presente rico, para que você saiba o que fazer com o dinheiro que terá amanhã. Evite repetir o erro daqueles que se sacrificam tanto que nem sabem como aproveitar a vida depois de tantos anos de trabalho. Esteja atento também para não trazer para sua vida o chamado fenômeno das "algemas de ouro", em que as pessoas passam a vida fazendo algo de que não gostam para sustentar um estilo de vida luxuoso porém pobre em diversão e felicidade.

Aprender a degustar na totalidade a vida e os bens que você já tem é valorizar aquilo que foi plantado e colhido no passado. Isso nos ajuda a dar valor a cada sonho que realizamos. Quando temos dificuldades para aproveitar nossas conquistas, elas se tornam descartáveis mais rápido, exigindo que sejam substituídas por novas conquistas. Resultado: mais desgaste, mais dinheiro e mais sacrifício em troca de uma satisfação não necessariamente maior.

Agradeço a meu tio Gildo por ter me ensinado a aproveitar cada momento de vida, a encarar cada erro como um aprendizado e a ter uma atitude mais otimista e construtiva. E agradeço a minha família, que me ajudou a ter uma vida rica mesmo quando os recursos limitados pareciam não permitir isso.

O CONSELHO QUE MEU TIO GILDO DARIA A VOCÊ

A pior coisa que pode acontecer a pessoas endinheiradas é o sentimento de haver perdido tudo o que tinham de importante – saúde, relacionamento, amigos, cumplicidade – enquanto acumulavam fortuna material. Use o bom senso e não deixe de cuidar das riquezas que você já tem.

Uma vida mais simples é uma vida mais rica. Quanto menos complexos forem seus sonhos de consumo, sua agenda e sua lista de compras, mais condições você terá de aproveitar suas riquezas materiais e imateriais. Não se deixe enganar pelas aparências. Repense a etiqueta da roupa que você veste. Pense bem se não está pagando mais por um automóvel apenas pela imagem que ele passa. Cuidado com o discurso de quem lhe vende qualquer coisa. Prefira fazer a comprar o que outros fazem. Quanto mais você usar a criatividade para consumir e presentear, de menos dinheiro precisará.

Cuide do futuro, mas
também viva um presente rico,
para que você saiba
o que fazer com o dinheiro
que terá amanhã.

◉ gustavocerbasi

Acredito que alguns leitores correm o risco de confundir o Bom Conselho número 2 ("Viva") com este Bom Conselho número 7 ("Aproveite"). Mas são distintos e complementares. "Viva" se refere a buscar equilíbrio, a encontrar tempo para desfrutar de riquezas que você tem e que não necessariamente estão relacionadas ao trabalho ou ao dinheiro. "Aproveite", por sua vez, relaciona-se a desfrutar ao máximo suas escolhas, saborear cada fração de suas conquistas e das bênçãos que você recebeu da vida, aprendendo a dar valor àquilo que tem, independentemente de ter sido adquirido com dinheiro ou não. Ou seja, o Bom Conselho número 2 se refere ao uso do tempo, enquanto o Bom Conselho número 7 trata da busca pela qualidade naquilo que você incorpora a sua vida.

Não desperdice seu dinheiro com o que não lhe trará prazer na vida. Por exemplo, uma grande parcela da classe média não tem o menor remorso em financiar aquisições como férias, eletrodomésticos, celulares e presentes. Isso faz com que paguem juros embutidos nas prestações ou parcelas. Mau negócio, já que os juros podem ser evitados se houver um mínimo de planejamento dos gastos com alguns meses de antecedência. Se podem ser evitados, é um gasto desnecessário e que não agrega bem-estar a quem o consome.

Saia da zona de conforto e batalhe por seu dinheiro, mas batalhe também pelo seu bem-estar. Você precisa de muito menos dinheiro do que imagina. É uma questão de atitude. Seja menos burocrata nas atividades que desenvolve. Em vez de simplesmente se reunir com amigos, interesse-se por eles, envolva-se na conversa. Se encontrar amigos implica jantares em restaurantes caros, experimentem comer na casa um dos outros, revezando o anfitrião. Gastando um pouco mais na conta do mercado, é possível reduzir as despesas com restaurantes, divertir-se com experiências gastronômicas e ainda desfrutar de eventos mais personalizados.

Esse tipo de reflexão vale para todo tipo de escolha. Em vez de simplesmente visitar lugares em suas viagens, vá a fundo na pesquisa, viva profundamente a realidade de cada cidade que visita. Dedique-se aos

Quanto menos complexos forem seus sonhos de consumo, sua agenda e sua lista de compras, mais condições você terá de aproveitar suas riquezas materiais e imateriais.

◉ **gustavocerbasi**

filhos, dê um polimento em seu currículo e em seus planos mais de uma vez ao ano, conquiste a pessoa amada todos os dias.

Fazer da família um lar de verdade não é um processo automático como assinar um jornal ou se inscrever na academia. Requer cuidados diários e contínuos, mas a recompensa tende a ser generosa. É esse tipo de recompensa, marcado por relações sólidas e seguras com pessoas, com momentos e com bens materiais, que costumo chamar de riqueza.

BOM CONSELHO Nº 8
Coopere. Seja útil ao time.

(Paulo Ramos Filho)

Quando meu pai começou a trabalhar no interior, a rua em que morávamos dava sinais de violência e insegurança, e a orientação era que os filhos evitassem sair sozinhos. Já ouvíamos falar de drogas, roubo de bicicletas e outros delitos. Certa noite, um acerto de contas resultou no assassinato de um dos frequentadores do bar que ficava exatamente em frente a minha casa.

As brincadeiras, que antes envolviam muita correria e suor, passaram a ser no quintal de casa. Ganhei o sonho de consumo de minha geração, um videogame Atari, e passava tardes inteiras com meus amigos jogando clássicos como River Raid, Pacman, Enduro, Pitfall e Megamania.

Desisti da rua e da bicicleta. Já não gostava de jogar bola. Meu grande prazer era dividir o sofá com meu pai aos domingos, torcendo pelo Ayrton Senna. Inevitavelmente, ganhei peso e comecei a ficar preguiçoso, a ponto de receber de meus amigos o carinhoso apelido de Lesma. Antes que a situação piorasse e eu me tornasse um sedentário crônico, minha mãe foi atrás de práticas esportivas para mim. Tentei o basquete, já que eu era alto para minha idade, mas em dois dias de treino mal consegui pegar na bola. Até hoje, sinto que me daria melhor nos esportes com bolas se, em vez de redondas, elas fossem quadradas.

Minha mãe decidiu então me inscrever na escola de natação do Juventus da Mooca, onde eu não teria ficado muito tempo não fosse meu pai se tornar um aficionado pelas competições e torcer por mim e pela minha irmã todo fim de semana. Passei a frequentar por livre e espontânea pressão. Achava que não levava jeito para o esporte, já que era a Lesma da turma, mas era disciplinado quando orientado, por isso comecei a desenvolver bem meu nado. Acabei gostando, principalmente por influência de meu primeiro técnico, Paulo César Barauce Bento. Foi na escola de natação do Juventus que me senti em casa e voltei a me interessar pelas atividades físicas. Passei a treinar com afinco, participar de competições, ganhar medalhas e moldar meus músculos – este último fundamental para a motivação de um adolescente.

Considero o início na natação uma das decisões familiares mais importantes para minha formação pessoal e profissional. Minha mãe foi a grande motivadora dessa importante mudança em minha vida: de uma rotina sedentária para o companheirismo, para a saúde e para a intensidade da prática de esportes. Porém, nas competições de final de semana, quem dava o tom era meu pai. Torcedor fanático nas arquibancadas, roubava a cena e fazia um barulho incrível enquanto eu e minha irmã competíamos. Ele era uma pessoa competitiva no trabalho, e transmitia isso aos filhos através do esporte. Também nas arquibancadas, meu pai, que tinha poucos amigos, começou a se aproximar dos pais dos demais atletas do clube, o que ajudou a unir o time.

Isso fez com que tanto eu quanto minha irmã evoluíssemos bem no esporte – ela muito mais que eu, pois chegou a ser campeã paulista. Como era de se esperar, fomos convidados a fazer parte da equipe principal da natação do clube.

Eu, porém, não esperava que fosse naquele momento, aos 14 anos. Por mais que curtisse o esporte, não me parecia boa ideia trocar os três treinos semanais de uma hora cada, na Equipe B, por treinos diários de três horas (incluindo sábados) na Equipe A. Paulo César Bento, técnico da Equipe B, era um cara afável, de fala calma, que estava sempre sorrindo e jamais se alterava. Já Paulão, o da Equipe A, era bem diferente. Parecia um tanto nervoso, obstinado, exatamente como... meu pai.

Paulão sabia mexer com o brio dos atletas e fazê-los superar a ansiedade que batia nos momentos que antecediam as competições. Já expliquei como ele fazia isso. Mas, para um atleta, a competição é apenas um detalhe. O resultado que obtemos nela é consequência de meses de treino assíduo, disciplinado, sem faltas e com dieta controlada.

O maior desafio de um atleta não está, portanto, nos poucos segundos de uma prova, mas em como encarar os meses de treino sem sucumbir ao cansaço, às lesões, à vontade de tomar um refrigerante ou de faltar ao treino de sábado para viajar.

Quem assiste da arquibancada pensa que a motivação para se manter em treinamento é um processo de superação individual, mas a equipe e o técnico são fundamentais para que cada atleta não desista da rotina de treinos e privações. Confesso que, se eu não treinasse com uma equipe com tanta sintonia e amizade como a do Juventus, provavelmente jamais teria acumulado mais do que uma dúzia de medalhas em minha vida. Graças a eles, me aposentei da natação com mais de 100 pódios em competições oficiais.

Os melhores momentos do treino eram, sem dúvida, a meia hora antes de começar o aquecimento e a meia hora depois do banho, enquanto aguardávamos nossos pais ou nossas caronas. Havia um ambiente de confraternização e convívio íntimo que, aos poucos, fez da equipe de atletas uma família.

Paulão sabia disso, e estimulava esses momentos. Aproveitava-os para saber do ritmo de estudos de cada um, para bater uma bola informalmente ou até para participar de brincadeiras como cama de gato, cubo mágico e pular corda. Ele caçoava da inocência de cada um, criava apelidos engraçados e fazia graça com as situações de ingenuidade ou constrangimento. Era um moleque como todos nós, mas um moleque com autoridade, que puxava o freio quando surgia alguma brincadeira que pudesse comprometer nossa condição física ou quando uma piadinha deixava uma das meninas sem graça.

Foi graças ao Paulão que um ambiente que poderia ser de suplício passou a ser de convívio intenso e apaixonado. Para cada um dos atletas, era muito difícil faltar aos treinos, pois significava perder uma brincadeira nova, uma piada, o começo de uma nova mania ou, simplesmente, as melhores horas do dia. Uma das maiores qualidades do Paulão era o fato de não ter preferência por um ou outro atleta. Ele se dedicava ao marmanjo com potencial mas desengonçado tanto quanto se dedicava à menina prodígio de 7 anos que fazia o mesmo tempo de meninos de 12. Obviamente, não deixava de dizer ao marmanjo que ele estava "tomando couro até das atletas mirins", mas era em tom de incentivo e não de desprezo.

Esse sentimento de equipe costuma existir em qualquer equipe esportiva, mas acredito que não na intensidade que tínhamos no Juventus. Havia a competitividade típica do esporte, a individualidade característica da natação e os puxões de orelha de toda relação técnico-atleta, mas havia também o estímulo de uns motivarem os outros, o desejo de que todo o time crescesse junto, de que todos estivessem felizes ao final de um treino ou uma competição.

Escola? Tratávamos como nossa atividade complementar. Dores, água fria, cãibras e exaustão? Eram pequenas, comparadas ao bem-estar que sentíamos. Paulão fez da natação do Juventus um time de verdade, apaixonado pelo esporte e pelo convívio e orgulhoso de desfrutar de uma adolescência muito mais saudável do que se ficássemos apenas na escola.

Um queria ganhar do outro, mas o ideal era ganhar por pouca diferença, com todos melhorando muito o desempenho a cada tiro ou prova. Um ou outro gostava de se destacar muito mais do que os demais, mas acabava sendo o alvo preferido nas brincadeiras anteriores ao aquecimento, o que evitava egocentrismo excessivo. Como nosso técnico era muito honesto e transparente, obviamente teve que excluir da equipe alguns atletas que não se enquadravam no esquema de treino proposto. Normalmente, eram os que faltavam muito ou que faziam corpo mole no treino. As despedidas eram tristes, mas necessárias para fortalecer a equipe. E, graças ao trabalho e à filosofia do Paulão, esses eram exceção.

Cada atleta reforçava o trabalho do Paulão, fosse levantando o moral de outro que estivesse desanimando, fosse pulando primeiro na água nos dias frios – eu era desses. Por isso, por pior que fosse o dia, íamos para casa com o astral em alta e com a sensação de estarmos no caminho certo.

Foi nas competições que o espírito de equipe nos trouxe diferenciais. O ambiente de competições oficiais é sempre tenso para um atleta, mas estar lá amparado pela amizade e o sentimento de apoio mútuo nos ajudava muito. A equipe do Juventus nunca teve condições de se equiparar tecnicamente aos clubes de ponta, pois o clube não investia no esporte. Muitos clubes tinham o que nos faltava: academia de ginástica bem estruturada, horário fixo para uso da piscina, equipamentos de treino suficientes, equipamentos de cronometragem e equipe técnica maior. Mas a equipe do Juventus contava com pais que torciam para todos os atletas, time unido, dois bons técnicos e muita garra. Por incentivo do Paulão, fomos uma das primeiras equipes a ter grito de guerra nas competições – muitas seguiram nosso exemplo.

Em razão de tudo isso, as competições não eram uma questão de superação individual. Muitos de nós – a maioria – nadávamos para corresponder às expectativas não só do técnico, mas também dos amigos e familiares. A derrota de um era a frustração do grupo. E não era pouca gente. Essa pressão se transformava em incentivo, que se convertia em resultado.

Em geral, as competições se encerravam com as provas de revezamento, quando quatro atletas do mesmo time competiam em sequência contra times de outros clubes. Fazer parte do revezamento era uma honra, pois significava representar o clube, mas também era um problema, pois significava competir depois de todas as outras provas. Isso aumentava o risco de termos um resultado ruim e prejudicarmos o time em razão de um fracasso individual. Quer coisa pior do que ser responsável por um fracasso coletivo?

Nos primeiros meses de minha carreira de atleta, o medo de prejudicar os mais experientes se convertia em motivação – obviamente, depois de muita dor de barriga e ansiedade. À medida que evoluí como atleta, os outros é que passaram a ser a ameaça à minha medalha. Participar de um revezamento não era nada motivador, pois significava cair na piscina tomado pelo cansaço, quando a maioria já estava de banho tomado, e ainda com o risco de ser prejudicado por outro atleta de pior desempenho.

Paulão sentiu isso logo que eu comecei a melhorar muito meus resultados em provas individuais, mas sem manter a média nas coletivas. Foi depois de um revezamento malsucedido que ele me chamou para uma conversa em particular, e deixou muito clara a regra de que o objetivo dele era a equipe como um todo:

– Tapa – (esse era meu apelido, dado por ele) –, você tem sido brilhante nos treinos e nas competições. Tamanha dedicação só podia se converter em bons tempos, e isso está acontecendo. Porra, mas nos revezamentos você amolece!

– Eu sei, só que eu já chego cansado ao final do dia de competição... – foi minha previsível resposta.

– Cansado? E quem não chega cansado? Você acha que o Ricardo Prado bate um recorde mundial e depois vai embora pedalando e assoviando? Você acha que alguém ali está só passeando? É óbvio que todos estão cansados! Mas você é um atleta. E mais, é um BOM atleta! Quando chega a hora do revezamento, você já garantiu duas ou três medalhas na competição. Nessa hora, tem mais três caras que te têm como ídolo, que passaram a semana cagando mole e perdendo o sono porque teriam a honra de competir com você, que não ganharam uma medalha sequer durante todo o final de semana e que ficaram ali, ansiosos, esperando essa oportunidade. Se você não der no mínimo seu sangue e suas vísceras por esse revezamento, vai estar cuspindo em pessoas que simplesmente te idolatram. Então, vamos combinar o seguinte: na próxima competição, faz o que tem que ser feito em cada prova. E, na hora do revezamento, pensa no que eu te falei. Faz MAIS do que tem que ser feito! Você entendeu?

Caro leitor, coloque-se em meu lugar. Você responderia algo diferente de "sim"?

Paulão sabia mexer com o brio dos atletas. Na primeira competição de que participamos, ele ainda fez um reforço:

– Se você ganhar o bronze no revezamento, será apenas mais uma medalha para sua coleção, mas, para os outros do time, será a única medalha no ano. Vai lá e nada como nunca!

Caí na água com a faca nos dentes. Não só fiz meu melhor tempo em todas as provas que nadei como fiz no revezamento um tempo que jamais me imaginei capaz de fazer, conquistando para a equipe do Juventus uma medalha de prata e o índice para participar do campeonato brasileiro – e olha que nosso tempo de classificação para a prova era apenas o sexto melhor.

Saí da água não com apenas mais uma medalha. Ao ver meus amigos, eles pulavam, choravam, apontavam para os pais, não sabiam o que fazer. Vieram e me abraçaram forte, comemorando uma rara medalha. Quando cheguei à arquibancada, Paulão me recebeu com um sorriso orgulhoso, soltou alguns palavrões de alívio e me abraçou forte. Aquilo valia mais do que a medalha. Do outro lado da arquibancada, onde ficavam os pais, era fácil encontrar o meu. Ele vibrava, batia nas costas de pais de atletas de outros clubes e gritava para mim fazendo sinal de positivo.

Na semana seguinte, meus amigos mais íntimos confidenciaram:

– Gustavo, eles ficaram nas nuvens... Estão até agora comentando!

Os colegas de revezamento, antes mais tímidos e respeitosos, passaram a me cumprimentar com mais intimidade, mesmo que às vezes com pouca modéstia:

– Mandamos bem, não foi?

Sim, *nós* mandamos bem. Se eu batesse o recorde mundial naquela piscina mas não tivesse mais três companheiros para completar o time, não haveria vitória do revezamento. A sensação de que eu contribuíra muito para uma grande conquista de meus amigos foi sensacional. Como foi bom ser solidário com minha equipe! Como foi bom fechar a competição com um grande resultado para o clube!

Essa competição mexeu muito comigo e com meu jeito de lidar com as pessoas. Minha autoestima foi às alturas. Com o crescimento da autoestima, comecei a vencer um problema que muito me incomodou na infância e no começo da adolescência: a timidez. Eu tinha sérias dificuldades para iniciar uma conversa ou fazê-la evoluir, não me sentia à vontade em papos animados, demorava muito a me soltar mesmo com amigos.

O reconhecimento no esporte me levou a conversar mais com os demais atletas, principalmente os que se sentiam beneficiados por participar do revezamento comigo ou por treinar em minha raia. Além disso, quanto mais vitórias eu colecionava, mais assunto tinha para contar aos colegas de escola, que admiravam o fato de eu ir bem tanto nos estudos quanto nas competições. Aos poucos, virei assunto na escola também.

A autoestima crescia vertiginosamente, na mesma medida em que diminuía minha timidez. Eu gostava cada vez mais de participar de revezamentos, e comecei a gostar também de fazer trabalhos escolares em grupo. O sentimento era o mesmo: um bom atleta ajudando outros a ganhar medalhas ou um bom aluno ajudando outros a obter boas notas é, em essência, paixão pelo trabalho em equipe.

Paulão valorizava meu papel de liderança na equipe e comentava isso entre os diretores do clube e os pais. A certa altura, fui convidado para ser representante dos atletas nas reuniões da comissão técnica, com o papel de levar aos diretores os pleitos e as opiniões do grupo. Na escola, passei a ser eleito representante de classe. Adotei uma postura cada vez mais dedicada, de quem queria ajudar o grupo e ampliar as oportunidades.

Alimentado pelo ego, esse sentimento cresceu e se transformou em dificuldade para dizer não. Como você já sabe, foi querendo ajudar um amigo que obtive meu primeiro trabalho, depois de formado.

Mas foi também com essa dedicação que me tornei um professor diligente, com abordagem construtiva e pragmática, mesmo lecionando sobre um assunto que não era confortável para mim. Daí em diante, foi natural escrever um livro, e mais natural ainda que fosse em linguagem de autoajuda. Afinal, eu cultivava um forte desejo de transmitir meu conhecimento para ajudar as pessoas.

Curiosamente, em várias ocasiões ao longo de minha vida fui alertado para o fato de que eu me doava demais, cobrava de menos, era explorado por amigos ou contratantes. Mas o fato é que esse altruísmo sempre me rendeu os melhores resultados, não necessariamente financeiros. Como professor, dormi menos noites para preparar aulas. Como consultor, atendi a centenas de alunos antes de começar a cobrar para seus conhecidos. Como escritor, disponibilizei uma agenda infinita para entrevistas. Como palestrante, fui a dezenas de eventos gratuitamente antes de começar a cobrar. Até hoje, quando discuto com amigos e parceiros sobre minha estratégia de preços e agenda, dizem que cobro menos do que deveria. Sugerem que eu cobre mais e trabalhe menos.

Mas trabalhar menos não é exatamente o meu objetivo. Gosto do que faço, transformo vidas todos os dias. Se trabalhasse menos, talvez não tivesse o reconhecimento diário que tenho – que acaba sendo meu principal combustível.

Com o preço que estipulei para meu trabalho, tenho demandas variadas e agenda cheia. Se me sinto cansado, diminuo o número de entrevistas na semana. Se me sinto perdendo o equilíbrio na vida, saio de férias. É como se eu estive o tempo todo no controle de minha torneirinha de tempo e dinheiro. Existe forma melhor de definir prosperidade? Obrigado, Paulão, por me fazer perceber o verdadeiro sentido de cooperar.

O CONSELHO QUE MEU TÉCNICO PAULÃO DARIA A VOCÊ

Vivemos uma época em que são valorizados a competitividade, o relacionamento político, a ambição e os resultados individuais. Porém essas práticas, se em excesso, competem com a solidariedade, a cooperação e os relacionamentos afetivos.

Por mais que sejamos recompensados por adotar uma atitude profissional e empreendedora, acredito que temos muito mais a ganhar com uma postura humana, cooperativa e dedicada à equipe.

Isso vale tanto para o ambiente de trabalho ou de negócios quanto para o ambiente familiar. Dedique-se a cultivar seus relacionamentos. Ouça as pessoas a seu redor, coloque-se no lugar delas. Ajude-as a crescer. Ao fazer isso, você será recompensado na mesma moeda, criando um sentimento de equipe.

É esse sentimento que otimiza o trabalho, dispensa reuniões, desburocratiza empresas e permite que as atividades fluam melhor. É esse mesmo sentimento que faz com que a família o apoie em seus planos, critique construtivamente seus desequilíbrios e esteja a seu lado em todos os momentos: os de dificuldades, os de celebração e os de engajamento em períodos de sacrifício. Se você for útil ao time, terá o time ao seu lado.

No trabalho e nos negócios, fica cada vez mais evidente que está desaparecendo a figura do especialista, aquele profissional limitado a uma só função técnica. Ele está sendo substituído pelo generalista – aquele que entende de vários assuntos – e pelo profissional multifuncional – que assume diversas responsabilidades simultaneamente.

Isso não só exige das pessoas um conhecimento mais vasto (como explicado no Bom Conselho número 1) como as força a interagir mais e depender cada vez mais de uma boa sintonia para que

Se você for útil ao time,
terá o time ao seu lado.

◉ gustavocerbasi

diversos processos sejam completados. No lugar da antiga linha de produção, o que existe hoje nas empresas é uma rede de trocas de conhecimento e confiança mútua, que exige mais de cada envolvido.

É por isso que, mesmo que você sinta que não leva jeito para atuar em equipe, recomendo que desenvolva essa habilidade. O esporte é o caminho natural para praticar a cooperação. Os mais sedentários podem começar por caminhadas no parque, prática de trekking ou atividades em academia. Mais do que seguir um programa de condicionamento físico, recomendo que seja seguido também um programa de envolvimento crescente com o esporte, preferencialmente reservando agenda para participar de eventos e competições. Se competir não é a sua praia, considere participar da organização desses eventos.

Causas sociais também proporcionam mecanismos de cooperação. Participar da organização de bazares, eventos em instituições filantrópicas e projetos de apoio a pessoas com limitações nos ajuda a desenvolver o trabalho em equipe, a capacidade de administrar recursos limitados e a criatividade, além de ser uma gratificante oportunidade de servir ao próximo.

Poucas experiências são tão transformadoras, em termos de desenvolvimento humano, quando a prática de esportes e a filantropia. E os resultados aparecem em pouco tempo. Sugestão: que tal tirar férias e, no lugar de fazer uma viagem, iniciar um projeto pessoal de reformulação de sua vida, com nova rotina na agenda e inclusão de hábitos construtivos em seu cotidiano?

BOM CONSELHO Nº 9

Supere-se. Não importa o que fizer, faça bem-feito. Se possível, melhor do que os outros.

(Paulo Ramos Filho)

Lembro-me de uma competição que aconteceu em um dia de muito vento e frio, na piscina descoberta do Clube Paineiras do Morumby, que fica em uma região alta da cidade de São Paulo. A água estava abaixo da temperatura recomendada para provas pela federação, e muitos atletas estavam desistindo de competir. Minha situação era complicada, pois eu estava no auge de minha condição física. Havia batido meu recorde pessoal várias vezes no treino, e Paulão estava contando muito com um bom resultado meu. E o frio não era o único problema. Eu iria nadar ao lado do campeão paulista e do campeão brasileiro da minha prova, ambos com índice para o campeonato mundial de natação. Obviamente, eu não estava nem um pouco a fim de perder fácil deles dois, ainda mais com aquele clima.

Quando, segurando a vontade de correr para o banheiro, eu cheguei para o Paulão e sugeri que talvez não fosse boa ideia cair na água, quase vi outro de seus ataques de fúria. Ele disse:

– Você está com frio? Aqui está todo mundo com frio. Quem for menos covarde e tirar o frio da cabeça vai ter uma vantagem enorme.

Não era possível... Que falta de sensibilidade! Por que colocar seus atletas para sofrer? Ele estava certo, mas mesmo assim caí na água com ódio. Era a prova de 200 metros costas, em que a largada é dada com os atletas já dentro d'água. O frio e a raiva me faziam chorar sozinho. Um empecilho a mais para a prova, as lágrimas acumuladas nos óculos.

Dada a largada, senti os braços adormecidos nas primeiras braçadas, mas aos poucos o sentimento ruim foi passando. Eu sentia o borrifo da água gelada batendo no meu rosto, em razão do vento. Prendia o ar para manter mais sustentação, e quando o soltava, via a fumaça sair de minha boca, devido ao frio. As braçadas finais foram um sofrimento, com princípio de cãibras. Quando bati a mão na parede de chegada, fechei os olhos e afundei, para me livrar daqueles óculos inundados e da touca. Tinha acabado. Alívio.

Ao subir à superfície e olhar para a arquibancada, vi o Paulão pulando que nem louco, abraçando o técnico da Equipe B, Paulo Bento, e sorrindo para mim. Não entendi. Olhei em volta e não percebi quem tinha ganhado, pois havia muita fumaça saindo dos corpos dos atletas e já estava escurecendo. Naquela penumbra, minha miopia acabava com qualquer chance de descobrir quem fora campeão.

Quando cheguei perto da arquibancada do Juventus, soltando fumaça de todo o corpo em meio ao frio, Paulão me abraçou forte, me parabenizando:

– Porra, cara! Que vitória maravilhosa!

Vitória?!

– Você bateu os dois melhores caras do Brasil nessa prova! Aliás, bateu todo mundo! Vou pedir que a próxima competição seja na Sibéria!!!

Demorei a compreender que eu havia ganhado a prova de verdade, que não era apenas mais uma vitória pessoal. Naquele dia, percebi que a origem eslava de meu avô Bruno realmente devia fazer diferença no frio. Não era bom nadar naquelas condições, mas para os outros era pior. Eu havia aumentado meu tempo em menos de um segundo, enquanto que os melhores nadadores haviam perdido mais de dois segundos em relação a seu tempo original de prova. Foi o suficiente para que eu os batesse.

Foi dali para a frente que comecei a admirar o Paulão praticamente como pai. Ele sabia mexer com os brios, sabia identificar os diferenciais de cada um, nos empurrar para a prova com dignidade e fazer de cada atleta um competidor de verdade – mesmo que fosse só para competir.

Convivi com Paulão como técnico durante quatro anos, de 1987 a 1990. Depois disso, mantivemos a amizade e o carinho. Nunca fui um atleta de ponta nas competições principais, mas me dediquei intensamente, graças a sua inspiração, e colhi várias vitórias em minha trajetória esportiva. Mesmo assim, os tempos de nadador foram imensamente inspiradores para os anos seguintes, quando eu começaria a dar meus primeiros passos na carreira e tomar minhas primeiras decisões de investimento, passando a competir fora do esporte.

Uma afirmação frequente que ele fazia era:

– Caiu na água, esqueça seu adversário. Nade contra si mesmo, ou melhor, contra o relógio. Você faz isso todos os dias no treino. Ficar preocupado com a raia ao lado só vai te fazer perder a concentração.

Ele tinha dois motivos para nos dizer isso. O primeiro estava evidente na explicação: a preocupação com a perda da concentração. O segundo tinha a ver com a técnica de natação: olhar demais para os lados nos faz perder o prumo e arrastar mais água. Na prática, a preocupação minava tanto nossa capacidade técnica quanto psicológica.

De qualquer forma, ao sugerir que fechássemos os olhos para os adversários, Paulão estava querendo nos convencer de que nosso maior adversário éramos nós mesmos. E é verdade.

Ele atentava para cada atleta e explorava as qualidades de cada um mesmo tendo que administrar quase 40 adolescentes. Por exemplo, tenho os dedões dos pés compridos, um pouco acima da média. Ok, bem acima da média. Em muitas competições, eu era um dos poucos atletas que conseguia "agarrar" a baliza de largada com os dedões, o que me permitia me inclinar mais para a frente e tomar um impulso inicial maior. Eram raras as provas em que eu caía na água e não via meus adversários atrás.

Foi Paulão quem me ensinou a tirar proveito do meu dedão. Mas foi do jeito dele:

– Porra, olha o tamanho do para-choque dessa sua lancha! Isso não é um dedo, é uma vara de pescar!

Foi assim, com sutileza e admiração gentil, que descobrimos que eu tinha um pequeno diferencial.

Além das nossas individualidades, tínhamos um diferencial coletivo. A maioria dos atletas em clubes de ponta era pressionada a vencer literalmente, isto é, chegar em primeiro lugar. Se não demonstrassem capacidade para isso, eram rapidamente descartados, convidados a praticar outro esporte. Paulão descartava somente atletas que não conseguissem se entrosar na equipe. Além disso, para ele, o resultado se media em comparação com as competições anteriores, e não com os atletas das raias vizinhas. Seu método era nos fazer comemorar nossas próprias vitórias, colecionar conquistas pessoais. Assim, ao final de cada competição, o clima entre a maioria dos atletas do clube era de comemoração e incentivo aos que não tinham ido tão bem. Em outros clubes, era comum ver dois ou três atletas com o peito cheio de medalhas e os demais com semblante de frustração e derrota.

Paulão não era o único técnico a adotar essa filosofia, afinal, em todas as competições havia diversos clubes cujos atletas não podiam ambicionar vitórias ou medalhas. Mas, por alguma razão, a equipe do Juventus era uma das mais numerosas entre as chamadas equipes de segunda linha, o que fazia com que nossa animação contagiasse o ambiente das competições. Nos sentíamos felizes por sermos motivados a dar um passo de cada vez e poder comemorar cada um deles.

Paulão nos ensinou a sermos competitivos sem sermos egoístas. Na prática, nos transmitiu o ideal do esporte, eternizado pelo barão de Coubertin: "O importante é competir."

Isso não quer dizer que ele pregava o corpo mole ou a falta de competitividade. Exigia apenas que déssemos sempre o máximo ou um pouco além disso.

– Quando cair na água, faça o melhor que puder. Se possível, melhor que os outros.

Era assim que ele nos fazia entender que o primeiro lugar não é o mais importante, mas vencer é fundamental.

Com esse mesmo argumento, Paulão me convenceu a deixar de ser um aluno preciosista na escola, que se frustrava quando não tirava a melhor nota da turma. Ele dizia que há um nível de dedicação que leva qualquer aluno a ter um bom desempenho escolar. Essa dedicação não é total, pois, para que fosse assim, os jovens deveriam só estudar, e isso seria ruim para a juventude. Paulão sugeria que as provas eram feitas para avaliar quem tinha se dedicado minimamente, e não quem tinha se matado de estudar. Na prática, os professores aprovavam os alunos que se dedicassem pelo menos as duas ou três horas diárias sugeridas por eles. Para tirar notas acima desse mínimo, os alunos teriam que estudar muito mais, para saber resolver os cerca de 10% a 15% de questões das provas cujos enunciados eram capciosos ou com estrutura totalmente diferente do que havia sido cobrado para estudos.

Eu adorava estar entre os raros alunos que resolviam as questões mais complexas. Mas, segundo meu técnico, deixar de resolvê-las não me reprovaria e me deixaria com mais tempo para fazer outras coisas, como ler livros por prazer.

Em razão dessa sugestão, deixei de brigar pelo 10 na escola e adotei como meta o 8. Essa nota também seria suficiente nos vestibulares. Foi daí que veio a imagem de "tranquilo" que meus colegas de escola tinham de mim. Passei a me divertir mais, me alimentar melhor, chegar mais cedo para os treinos de natação e ainda comecei

O primeiro lugar não é o mais importante, mas vencer é fundamental.

◉ gustavocerbasi

um curso de inglês. Não era exatamente o melhor em nada que fazia, mas tinha bom desempenho em tudo. Ser bom filho, bom amigo, bom aluno, bom atleta e me sair bem em todos os desafios que me eram impostos, ou seja, ter uma vida mais equilibrada, passou a ser minha grande vitória pessoal.

Em outras palavras, fazer o máximo possível para obter resultados não exigia de mim o melhor resultado em qualquer tarefa, mas sim na vida como um todo. Mais tarde, descobri que essa é a base da ciência chamada Administração.

Na prática, eu já estava seguindo outros bons conselhos de meus pais, como o número 3: Antecipe-se. Não deixando para estudar depois, eu chegava à nota de aprovação antes. Não por coincidência, o começo do ano era mais favorável aos estudos, pois ainda estava começando a temporada de treinamento. Quando chegavam as competições principais, eu me dedicava 100% à natação, pois não precisava sequer me incomodar com as datas de provas.

Fazer o suficiente para vencer em cada frente que eu assumia me permitia assumir mais frentes. Isso me permitiu desenvolver mais habilidades e, consequentemente, me superar, mesmo que na época eu não tivesse consciência disso. Quando a vida me obrigou a focar em menos papéis, como o de pai ou o de palestrante, a dificuldade foi menor. Afinal, eu tinha experiências mais variadas, a julgar por muitos de meus amigos, cuja dificuldade nos estudos os fez perder parte importante da adolescência para a agonia da preparação para o vestibular.

Curiosamente, a sensação de bem-estar decorrente de estar desfrutando bem a vida acabou por contribuir muito para minha autoestima. Nessa mesma época, eu levara aquele puxão de orelha do Paulão em relação a minha postura nos revezamentos. Foi dessa temporada em diante que senti uma mudança na minha capacidade de me concentrar em busca de resultados, tanto nas piscinas quanto nos estudos. Percebi que não bastava querer ir bem. Eu precisava de argumentos, de uma motivação, da chamada cenourinha lá na frente. Na natação, a cenourinha era ajudar a levar minha equipe adiante. Nos estudos, era alcançar metas sem o tradicional sacrifício nos estudos.

Como é boa a sensação de estar no controle da situação! Isso contribuiu para que eu me saísse bem em entrevistas de trabalho, em provas orais e em tarefas criativas, formando um ciclo positivo que era alimentado por cada conquista. Esse processo, de certa forma, continua até hoje em meu trabalho. Eu prospero em meus negócios por iniciar cada atividade com a vantagem da segurança e da credibilidade de meu histórico. Para quem já foi um menino tímido que imaginava que jamais se daria bem em nenhum trabalho, é um lucro e tanto.

Essa autoconfiança crescente me tornou extremamente competitivo. Não competitivo no sentido de ter um ego inflado e desejar aparecer ou ser melhor que o outro, desejar ser o único ou o primeiro naquilo que faço, mas no sentido de acompanhar de perto meu desempenho em rankings, número de aparições na mídia, o posicionamento de meus livros nas livrarias e o faturamento anual de minhas empresas. Sou extremamente exigente comigo mesmo, e isso tem me trazido bons resultados.

Quase diariamente, meus amigos me perguntam: "Por que você não tenta uma entrevista com Fulano?", ou "Por que você não contrata uma assessoria de marketing ou de imprensa?", ou "Por que você não monta uma estrutura de negócios para ganhar escala?". Não me preocupo em investir nos mecanismos tradicionais de autopromoção porque, mesmo sabendo que são eficazes, tenho consciência de que cresci simplesmente zelando por um trabalho cuidadoso em meu dia a dia. Ou, como diria Paulão, competindo comigo mesmo. Isso me levou ao topo de muitos rankings pessoais, me ajudou a prosperar.

Por isso, acredito que para ter sucesso não é preciso esmagar adversários. É mais interessante e saudável esmagar suas próprias deficiências e respeitar o trabalho de cada um de seus concorrentes, pois seus próprios méritos são a melhor escada para o sucesso.

Agradeço ao Paulão pelo técnico que ele foi para mim, muito além da borda da piscina. Não atingi o auge quando estava sob sua orientação, mas ele fez de mim um grande competidor.

O CONSELHO QUE MEU TÉCNICO PAULÃO DARIA A VOCÊ

Seu maior adversário é você mesmo. Conscientize-se de que, se você não evolui na carreira, se não consegue poupar, se não consegue um tempo para se organizar ou se simplesmente não consegue perder aquela barriguinha, o único responsável é sua acomodação.

Se mudar sua atitude em relação aos desafios que lhe são apresentados, você aumentará a chance de vencê-los. Não encare um chefe ruim, por exemplo, como um azar ou um golpe do destino, mas como uma oportunidade de surpreender mais, já que sob condições desfavoráveis. Não encare uma crise na bolsa como uma perda, mas como uma boa oportunidade de compras.

Costumo ver as dificuldades no trabalho como parte de um processo de mudança. Se você não gosta do que faz ou do seu ambiente de trabalho, supere as expectativas e dê seu melhor para que, superando a média dos profissionais, passe a receber outras propostas. Quanto melhor o profissional, mais oportunidades tem para escolher, e, por isso, maiores são as chances de alcançar uma nova situação que lhe seja mais gratificante.

Para abandonar sua zona de conforto e iniciar o processo de mudança, é importante saber exatamente de onde você está partindo e estabelecer aonde quer chegar. Isso só será possível quando você passar a manter um controle do seu desempenho pessoal.

Tire um tempo para avaliar sua agenda, para organizar seu orçamento e para retomar planos que andam engavetados. Inclua esses planos em sua agenda semanal e estabeleça metas objetivas a serem alcançadas. Por exemplo:

- Dedicar quatro horas por semana a práticas esportivas

Esmague suas próprias deficiências e respeite o trabalho de cada um de seus concorrentes, pois seus próprios méritos são a melhor escada para o sucesso.

◉ gustavocerbasi

- Dedicar uma hora por semana à organização do orçamento
- Completar em um semestre dois módulos do curso de inglês on-line
- Superar sua meta de trabalho em 10%
- Acompanhar a lição de casa de seus filhos ao menos uma vez por semana
- Tirar férias de 10 dias três vezes por ano
- Aumentar o patrimônio familiar em 10% a cada ano
- Aumentar a rentabilidade da carteira de investimentos em 0,5% a cada ano

Esses são apenas exemplos de objetivos pessoais que você pode propor a si mesmo, para que saiba contra o que está competindo. Não fique se comparando com seus ídolos, pois a missão de alcançá-los pode parecer mais árdua do que realmente é. Aprenda a subir degrau a degrau, se quiser chegar ao topo da escada com segurança. A cada vitória você terá uma recarga de energia para impulsioná-lo para o próximo desafio. É exatamente por isso que esportistas participam de competições e jogos amistosos ou campeonatos pouco relevantes ao longo do ano, antes do campeonato principal.

Você tem diferenciais. Explore-os. Pouco importa se é um dedão mais comprido para um nadador ou horas livres na agenda para estudar investimentos. O fato de deficientes auditivos desenvolverem maior visão periférica é um exemplo de que pessoas privadas de determinada habilidade têm condições de compensar essa deficiência em outra habilidade.

Ao competir contra si mesmo, seja honesto com suas limitações. Não lute contra sua natureza. Na natação, um bom atleta em nado peito pode não levar o menor jeito para o nado costas e vice-versa. Experimente coisas novas na vida, para identificar em qual área estão suas habilidades específicas. Adote como meta principal o autoaperfeiçoamento. Se você nunca se deu bem com números, não espere obter sucesso analisando indicadores de desempenho de seus investimentos. Nesse caso, delegue a especialistas tarefas que você não faz bem e use seu lado provavelmente menos racional e mais criativo para começar um negócio próprio, por exemplo.

Lute para superar seus limites naquilo que você tem de melhor. Isso tornará sua vida e seu trabalho também muito melhores.

BOM CONSELHO Nº 10

Celebre. Valorize suas conquistas e suas riquezas.

(Bronius Petrasunas)

Quando oriento meus clientes a colocar em prática um plano de recuperação de dívidas, por exemplo, enfatizo ser fundamental que, ao final do plano, a família celebre com algum evento marcante. Pode ser uma viagem de fim de semana, a compra de um videogame, a redecoração da casa ou um jantar em um bom restaurante. Faço questão que seja cumprida a etapa da celebração, para marcar a conclusão de um processo desgastante e criar uma lembrança positiva do sacrifício feito pela família. Esse bom momento passa a ser, daí para a frente, usado como argumento para novos hábitos, como a poupança regular.

Adoto o mesmo raciocínio para as recomendações de investimento que faço a amigos durante crises. Feita uma boa escolha, em algum tempo o investidor deverá obter bons lucros. Muitos, porém, resistem a vender seus ativos quando estão obtendo ganhos excepcionais. Acabam por se expor ao risco de novas crises e perdem grande parte do que conquistaram. Para evitar isso, convido-os a realizar um sonho com parte do dinheiro ganho, quando atingirem determinado patamar de rentabilidade. Por exemplo: "Se ganhar mais de 40% em

12 meses, resgate 10% do patrimônio total e renove sua casa. Do restante, resgate metade para a compra de fundos imobiliários." Como a pessoa quer reformar a casa, não esquecerá de adotar a atitude de rebalanceamento da carteira de investimentos, que é igualmente importante.

A proposta da celebração serve como limitador da ganância, sugerindo que é importante estipular uma meta e, quando ela for alcançada, rebalancear a carteira com a venda de ao menos parte dos ativos bem-sucedidos. Sem um forte estímulo, é mais difícil sair da zona de conforto e adotar novos hábitos. É também mais difícil dedicar um tempo na agenda para avaliar a colheita e se preparar para a nova safra. É preciso criar mecanismos para essas mudanças. Meu mecanismo é a celebração.

Mas esse método não foi algo que eu criei do nada, e sim uma lição que aprendi com o meu avô materno, *Seo* Bruno. Ele, sim, aprendeu a celebrar a partir das duras lições aprendidas com a vida.

Meu avô embarcou para o Brasil em 1929, em um navio cargueiro, com a promessa de bons empregos devido à política de recuperação da grande crise mundial. Seus planos não deram muito certo: trabalhou dois anos como semiescravo na obra da estrada de ferro São Paulo-Mairiporã. Viu seis de seus sete amigos morrerem nessa obra, das mais variadas causas: malária, acidentes, brigas e picadas de cobras e insetos.

Fez alguns bicos depois disso, trabalhando como montador de chuveiros na Lorenzetti e, depois, como corretor de imóveis no bairro do Sapopemba, em São Paulo. Juntou um dinheirinho e decidiu abrir um bar na rua Ibipetuba, na Mooca. Ele construiu – com as próprias mãos e suor – tanto o imóvel do bar quanto a casa em que morou, na mesma esquina. Viveu, até a aposentadoria, do bar e dos pratos feitos que vendia aos funcionários de uma grande indústria de máquinas pesadas que funcionava em frente, a Prensas Guttmann.

Como nunca acumulou patrimônio e teve que se virar na vida, meu avô Bruno foi um homem de poucas posses. Habilidoso com

Sem um forte estímulo,
é mais difícil sair da zona de
conforto e adotar novos hábitos.
É preciso criar mecanismos
para essas mudanças – o meu
é a celebração.

◉ gustavocerbasi

as mãos, compensava muito de sua limitação de dinheiro fazendo os próprios reparos na casa. De conserto de sapatos a reforma de portas e gesso, fazia um pouco de tudo.

Certa vez, ao chegar à casa dele e ver uma aglomeração de vizinhos na calçada, logo imaginei que havia ocorrido um acidente. Ao erguer o olhar, como faziam os demais, deparei com meu avô no alto de uma escada de 4 metros de altura, tirando folhas da calha do telhado, enquanto os amigos gritavam:

– *Seo* Bruno, desça daí! É muito perigoso na sua idade!

Não havia quem o demovesse da obrigação de cuidar da casa e das visitas que chegavam. *Seo* Bruno era apegado a detalhes. Não era falastrão e galanteador como tio Gildo, mas sabia agradar e receber bem com gestos simples.

Se chegasse alguém que ele não conhecia, ou que sua memória senil não recordasse, fazia questão de cumprimentar e dedicar alguns minutos a entender quem era a pessoa, de quem era parente e onde vivia. Apesar de não ser muito conversador, era comum, depois de algum tempo, voltar a abordar o novo conhecido com alguma pergunta relativa à primeira conversa. Por exemplo, perguntava a quanto tempo dali ficava o bairro ou a cidade em que vivia o visitante. Calmamente, mantinha uma conversa bastante simples.

O ponto alto era quando ele convidava os convivas à sala de jantar. Não servia alimentos muito sofisticados. Basicamente, tinha à mesa alguns pratinhos com biscoitos, geleias (às vezes feitas por ele), manteiga, salsichão fatiado, blinis e pãezinhos. Para beber, suco de morango com limão e refrigerante. Bebida alcoólica, só no Natal ou Réveillon, sempre sidra de maçã.

Quando todos já estavam sentados à mesa, era com grande cerimônia que meu avô se virava para os demais e perguntava:

– Já que estamos reunidos, vamos tomar "uma champanha"?

Era assim que ele convidava todos a bebericarem a nobre bebida: o refrigerante de guaraná. Meu avô o chamava de champanha porque, na época, as garrafas do guaraná Antarctica traziam a inscrição

"Guaraná Champanhe". Então, com reverência, ele apanhava o abridor de garrafas e, num gesto firme, fazia a tampinha voar para trazer o som do gás aos ouvidos de todos. Era assim, com entusiasmo, que vô Bruno fazia de um simples pão com manteiga das tardes de domingo uma verdadeira celebração.

Se, ao chegar à casa dele, alguém tivesse uma boa notícia a dar, a novidade apenas servia de pretexto para antecipar a celebração. Um "Vô, passei na faculdade de engenharia" recebia como resposta algo como "Mas que boa notícia, Sr. Gustavo. Isso quer dizer que não vai precisar carregar sacos de café nas costas para crescer na vida. Aceita tomar uma champanha, para comemorar?". E lá ia ele buscar o guaraná e os copinhos americanos.

Para minha família, viver no porão da casa do vô Bruno, durante a reforma de nossa casa, não foi fácil. Era pouco espaço, tanto em termos de área quanto de altura. A cabeça de meu pai passava a um palmo do teto. Em certa ocasião, chegamos a encontrar um rato na gaveta sob o berço de minha irmã. Para mim, então com 5 anos, foi uma diversão à parte ver meu avô e minha mãe com vassoura em punho, não sabendo se corriam atrás do bicho ou se pulavam para que ele não corresse sobre seus pés.

O espaço não era nada confortável. Em dias de chuva forte, tínhamos que segurar a vontade de ir ao banheiro, porque, para chegar a ele, era preciso atravessar a garagem e uma parte descoberta do quintal. Do banheiro para a parte de cima da casa, fazíamos um trajeto de cerca de 20 metros em zigue-zague, expostos à chuva, ao sereno ou ao sol. Contudo, as refeições eram sempre em família, o que criava uma fraternal sensação de união e riqueza.

Mas o que realmente nos enriquecia era o hábito de meu avô de celebrar com frequência. Não importava se era um dia de sol ou de chuva, se os filhos tinham recebido bronca dos pais ou se os tempos eram difíceis em razão da alta inflação. Na hora do brinde de meu avô, o momento era de reverência. Aquilo fazia do domingo um dia de zerar as diferenças e nos prepararmos para uma semana com objetivos renovados e maior respeito mútuo. Bons tempos, muito ricos.

Por inspiração de meu avô, celebrar passou a ser uma regra em minha vida. Gosto de compartilhar a maioria de minhas grandes decisões – férias, recordes de venda de livros, novos trabalhos, nascimento de filhos e mudança de casa, por exemplo – à mesa de jantar, com as pessoas que são mais importantes para mim: Adriana, meus filhos, as avós e familiares e os amigos mais próximos. Nada de muita pompa ou cerimônia. Dividir um bom almoço ou uma simples pizza com as pessoas mais queridas remete a minha deliciosamente rica infância.

Esse bom sentimento redundou na necessidade de compensar períodos de trabalho intenso ou grandes conquistas com outros de descanso prolongado ou generosa diversão em família. A cada livro que lanço, faço questão de fazer uma viagem memorável em família. A cada semana de trabalho com mais de duas noites fora de casa, crio com a Adriana uma programação intensa de fim de semana com as crianças. A cada ano de trabalho bem-sucedido, imponho-me as já tradicionais férias de dois meses.

Não é mero capricho. Assim como as celebrações dominicais de meu avô abriam as portas para uma semana melhor, percebo que a celebração das conquistas me leva a valorizar mais cada uma delas. Isso gera um forte efeito motivador, que me impulsiona a correr atrás de novas conquistas, para viabilizar mais momentos de prazerosa celebração. É um saudável e construtivo círculo virtuoso.

Ao me aproximar do final da redação deste livro, por exemplo, dedico-me integralmente ao texto, e muitos convites de trabalho acabam se acumulando para serem avaliados posteriormente. Provavelmente, há muito trabalho pela frente. Mesmo assim, já providenciei a troca de minhas milhas aéreas por passagens para toda a família. Faremos uma viagem de 15 dias, para comemorar mais uma realização.

Obrigado, vô, pelo exemplo de caráter e agregação que você foi. Graças a seu exemplo, minha vida é feliz e repleta de realizações marcantes para mim, para Adriana (que você chamava de "a noivinha") e para seus bisnetos, que também herdaram muito de sua agradável personalidade. Onde quer que você esteja, meus melhores sentimentos estão junto.

O CONSELHO QUE *SEO* BRUNO DARIA A VOCÊ

Tendemos a nos acostumar com a rotina. Aliás, a palavra certa não é acostumar, mas acomodar. Talvez você seja uma pessoa feliz com as realizações cotidianas, como cumprir as obrigações do trabalho, ter as contas em dia, ter um happy hour semanal com amigos e acompanhar de perto a educação dos filhos. Mas, apesar da sensação de tranquilidade que a estabilidade traz, sugiro que ouse mais, persiga desafios e celebre suas conquistas. Isso vai ampliar seu horizonte, além de fazer com que você cresça como ser humano e evolua em termos pessoais e profissionais.

Não entenda a celebração apenas como um bônus na vida, mas como o grande objeto de suas buscas. Afinal, ela é o momento ideal para reverenciarmos a família e os amigos que participaram de cada processo, ou que ao menos abriram mão da vontade de tê-lo mais presente. Celebrar, além de marcar o encerramento de um projeto, é uma maneira de agradecer pelo esforço de cada um na conquista.

Isso mantém times coesos e famílias unidas e alimenta a motivação necessária para manter a disciplina de projetos de prazo mais longo. Não raro, sugiro a meus leitores que troquem um projeto de se aposentar daqui a 20 anos por outro projeto de se aposentar daqui a 30, mas que também façam uma boa viagem de férias a cada dois anos. Sugiro isso porque sei que dificilmente um processo que exige disciplina se mantém intacto por 20 anos, já que está sujeito a incontáveis tentações para uso do dinheiro que deve ser poupado. Seja por necessidade ou mesmo por vontade, mais cedo ou mais tarde a pessoa se sente na necessidade de colher recompensas da vida.

Celebrar mantém o time coeso e a família unida, além de alimentar a motivação necessária para manter a disciplina em projetos mais longos.

◎ gustavocerbasi

Por outro lado, se, em vez de se sentir privada de seus desejos, a pessoa se sente recompensada por um grande número de conquistas pessoais, surge aí a motivação pessoal, que contribui para que promessas de prazos mais longos sejam reforçadas a cada celebração. É um processo de controle dos impulsos psicológicos. Se todos os seres humanos buscam recompensas na vida, que sejam incluídas em seus planos!

Pode ser que algum imprevisto o obrigue a cancelar ou adiar planos e celebrações. Não veja isso como uma derrota, mas como indicador de uma necessidade de ajuste nos planos. Se algo der errado em sua vida, será bom contar com uma margem de segurança maior – e essa margem geralmente é o dinheiro reservado para conquistar algum sonho ou mesmo a aposentadoria. Isso se constrói à medida que evoluímos. Para evoluir, precisamos nos inspirar. Não limite sua vida, portanto, a apenas um sonho, principalmente se for um sonho burocrático como "me aposentar". Adote um estilo de vida mais simples e econômico, para que sobre dinheiro para mais experiências e celebrações.

Comemore mais, ame mais, crie mais, arrisque mais, aprenda mais. Também se esforce mais, e quanto maior o esforço, maior deve ser a celebração. Com isso, sua vida tenderá a ser mais prazerosa. O prazer de viver será, como consequência, a inspiração para novos planos de crescimento. Se não for a garantia para a prosperidade financeira, no mínimo fará de você um ser humano melhor, como foi *Seo* Bruno. Que saudades!

Como colocar em prática os bons conselhos de meus pais

Esses eram os conselhos que eu tinha a passar a você, transmitidos de pai para filho. A vocação deste filho é levar às pessoas ideias sobre prosperidade. Talvez você tenha estranhado a falta de números, cálculos e indicadores neste livro que, se estava na estante certa da livraria, era na seção de finanças pessoais ou na de administração e negócios.

Outros livros meus abordam os aspectos mais racionais e lógicos da inteligência financeira. Porém, espero que você tenha compreendido que, para aproveitar as oportunidades que os números têm a nos oferecer, precisamos ter a habilidade de fazer escolhas com serenidade, honestidade e boas intenções.

Eu poderia ter construído meu patrimônio com corrupção, sonegação ou outras práticas desonestas. Não faltam maus exemplos a seguir no país em que vivo, e a maioria deles age publicamente. Chamo essa escolha de longo caminho curto, pois nos leva rapidamente à riqueza, mas é uma riqueza frágil, que pode ser perdida ou confiscada a qualquer momento, e requer que estejamos na defensiva por toda a vida. Optei por outro caminho, o curto caminho longo, que dá mais trabalho e leva mais tempo, mas nos leva a uma sólida posição que dificilmente perderemos. Em pouco tempo começamos a colher resultados desse caminho de boas escolhas, e essa colheita é para sempre. É bom dormir tranquilo todos os dias, com a sensação de dever cumprido. Tenho certeza de que esse é meu maior patrimônio.

E você, qual o patrimônio que seus pais e seus mentores lhe deixaram?

Se seu pai ou seus pais não puderam lhe transmitir ensinamentos poderosos como os que aprendi, ou se a forma como os transmitiram não os tornou compreensíveis para você, espero que a racionalidade com que procurei explicar minha maneira de aprender o tenha inspirado a adotar uma nova postura diante dos fatos da vida. Todo erro traz uma lição. Todo acerto, seja seu ou de terceiros, vale de exemplo. Você só aprenderá a lição ou seguirá os exemplos se tiver a humildade de viver uma vida de aprendizado.

Muitos de meus leitores, espectadores e ouvintes costumam dizer que admiram minha humildade, pelo simples fato de eu lhes ter dado um minuto de atenção ou uma dedicatória mais longa no livro. Quando ouço tais elogios, agradeço, mas com um sentimento de tristeza. No fundo, o que penso nesses momentos é que o mundo ficou louco. Se dar atenção a quem valoriza meu trabalho é entendido como humildade, é porque falta essa atitude à maioria dos profissionais bem-sucedidos. Tais pessoas foram engolidas pela ganância e perderam o respeito pelo próximo. Desaprenderam a ouvir, a entender a necessidade de seus clientes e pacientes.

Quando meu pai me sugeriu que estudasse muito – ok, não foi exatamente uma sugestão, e sim uma imposição –, não estava preocupado apenas com o vestibular, mas também em fazer de mim um profissional capaz de me comunicar e de resolver problemas, pois via que era raro esse tipo de pessoa no mercado de trabalho. Falta a muitos o bom senso, que nada mais é do que a capacidade de raciocinar diante de situações complexas. Isso se desenvolve através da busca de conhecimentos múltiplos. Pratique, portanto, o

Todo acerto, seja seu ou de terceiros, vale de exemplo. Você só aprenderá a lição ou seguirá os exemplos se tiver a humildade de viver uma vida de aprendizado.

@ gustavocerbasi

Bom Conselho número 1: Estude. É decisão sua escolher o próximo curso que vai fazer. Que tal sair um pouco de sua área de especialização e aprender um pouquinho sobre assuntos que aguçam sua curiosidade? Se fizer isso, você perceberá como é importante "sair da caixa" para ativar partes do cérebro que foram aposentadas lá nos tempos de vestibular.

Acredito, também, que seguir o Bom Conselho número 2 não depende de ele ter sido ou não ensinado por seu pai ou por quem quer que seja. Viva mais, desfrute. Não faltam, na mídia, sugestões de como buscar uma vida mais equilibrada. O assunto está na moda. Pratique o ócio criativo. Uma pessoa de bem consigo mesma é mais feliz e motivada. Contribui mais para o ambiente de trabalho, destaca-se da massa e tem maiores chances de crescer. A escolha é sua, e você tem muito a ganhar.

Com o Bom Conselho número 3, meu pai me ensinou a não deixar tudo para a última hora. É uma questão de disciplina e organização pessoal, e sei que é difícil. Tenho essa regra como hábito, e durante boa parte de minha vida eu me martirizei por não conseguir me manter 100% em dia com o trabalho ou com os estudos. Com o tempo, descobri que não conhecia ninguém que tivesse tudo tão organizado a ponto de não ter nenhuma urgência na vida. Christian Barbosa, o maior especialista em gestão do tempo no Brasil, me ensinou que o segredo não é acabar com as urgências – o esforço não vale a pena. O ideal é minimizá-las e deixá-las em um nível controlado. Portanto, não deixe para amanhã o que você pode fazer hoje, mas também não se torne uma pessoa desagradável por causa disso. Equilíbrio é a palavra-chave.

Para aproveitar o Bom Conselho número 4, desconfiar das intenções dos outros, você deve praticar. Pode ser que negociar não seja de sua natureza e você tenha que levar a tiracolo alguém como minha amada Adriana. Mas conhecer mais a fundo as técnicas de vendas certamente fará de você um melhor comprador. Já percebeu quantos seminários de vendas existem por aí? São tantos que muitos são oferecidos a preços bastante acessíveis, inclusive pela internet. Experimente.

O quê? Mesmo depois de ler sobre o Bom Conselho número 5, que, para gastar menos, sugere preservar o que você tem, você ainda não conseguiu? Talvez seja porque está ganhando dinheiro fácil demais, ou então porque acredita que continuará ganhando até o fim da vida. Que tal praticar o voluntariado e conhecer pessoas que não têm o mesmo que você? Talvez assim você passe a valorizar mais os centavos.

Simplifique e seja simples. Esse é o Bom Conselho número 6. Deixe de lado a empáfia intelectual ou a linguagem fisiologista de sua profissão. Aprenda a se comunicar com todos os grupos, se quiser crescer nos rankings que realmente importam. Se você não tem um tio com a simplicidade do Girdão, certamente conhece o porteiro ou a copeira da empresa em que trabalha ou tem uma empregada em casa. Já pensou em cumprimentar essa pessoa com mais carinho? Já dedicou um tempinho para ouvir as histórias que ela tem a contar? Tente explicar a pessoas mais humildes a sua profissão ou a rotina que você desempenha em seu trabalho. Será um ótimo exercício pessoal.

Antes de correr atrás de riquezas que você não tem, aproveite o que já conquistou, principalmente aquilo que não custa dinheiro. Isso é o que diz o Bom Conselho número 7. Provavelmente nem você nem eu teremos uma família de cinco filhos para proporcionar a eles o ambiente rico em convívio que eu tive nas reuniões de família de minha infância, mas você pode adotar uma atitude mais envolvente como pai ou mãe, participar mais da vida de seus filhos, demonstrar curiosidade pelo que eles aprendem na escola, convidar os amigos para se reunirem em casa com mais frequência. Certamente, momentos são mais importantes do que bens materiais nessa vida, porque lembranças não são descartáveis como as coisas que compramos com dinheiro. Tire mais fotos. Tire também um tempo para organizá-las e recordá-las de vez em quando. Isso o ajudará a não ficar pensando em ir às compras.

Tive a felicidade de ter, na adolescência, um técnico que me ensinou dois valores que se transformaram nos Bons Conselhos números 8 e 9: cooperar e se superar. Ambos são fundamentais para você ser reconhecido e receber convites que o promoverão na carreira. Para que você aprenda ou se aprimore na arte de trabalhar em equipe e mesmo assim se superar, não creio ser necessário se tornar um atleta. Hoje, o serviço de coaching de carreira se tornou acessível, tanto por livros quanto por reuniões presenciais. Se você sente que tem dificuldades com seu desempenho, vá atrás desse serviço. Se trombar com o Paulão, mande meu abraço a ele.

Por fim, vale reforçar: celebre. Não por acaso, o último dos conselhos. Quanto mais criativa, mais simbólica, mais marcante for a celebração, mais sentido ela fará para o resto de sua vida. Nos seus últimos dias, o que mais terá dado sentido a sua vivência certamente serão as celebrações. Que tal aproveitar o fim deste livro, pegar uma folha de papel e estabelecer o compromisso por escrito de um objetivo pessoal que você queira alcançar? Faça como um contrato de trabalho: escreva o que você quer, o que vai fazer para conseguir, e não deixe de incluir a recompensa: a celebração da conquista em alto estilo. Não se esqueça das pessoas com quem você vai celebrar – elas são tão importantes quanto o tipo de comemoração escolhido. Afinal, são elas sua maior riqueza.

Espero que você tenha entendido que, apesar do sucesso do meu trabalho – ou mesmo com ele –, sou um ser humano como qualquer outro neste mundo. Falível, com inseguranças e em busca de meu lugar ao sol. Tive meus momentos de adolescência reativa, em que via meu pai como uma pessoa que não entendia nada da vida. Talvez ele tenha sido muito feliz ao me educar de forma intuitiva, fazendo-me seguir suas sugestões sem que eu percebesse.

Um dia, com os hormônios fluindo de maneira mais organizada em meu corpo, caiu a ficha e eu percebi que muito ou quase tudo de minhas conquistas pessoais se deviam à influência que pessoas queridas tiveram em minha vida. Daí vieram lições valiosas, que acabam de ser compartilhadas com você. Obrigado pela companhia nesta leitura e por abrir seus pensamentos para minha família e meus amigos. Eles são realmente importantes para mim.

Considerações finais

Escrever este livro foi uma experiência totalmente diferente da dos anteriores, pois tive que ser fiel à história de diversas pessoas que muito me influenciaram, com muitos detalhes importantes e valiosos para mim. A ideia foi partir de meu exemplo pessoal e de lições que aprendi com meus erros e acertos para fazer com que os conselhos que adquiri fossem úteis a você. Se foram, passe-os adiante. Se não, ficarei feliz em receber seus conselhos através de meus perfis nas redes sociais ou de meu site www.gustavocerbasi.com.br.

- @gustavocerbasi
- Gustavo Cerbasi
- GustavoCerbasiOficial
- @gcerbasi

Desejo-lhe sucesso e prosperidade!

CONHEÇA OS LIVROS DE GUSTAVO CERBASI

Mais tempo, mais dinheiro

Casais inteligentes enriquecem juntos

Adeus, aposentadoria

Pais inteligentes enriquecem seus filhos

Dinheiro: Os segredos de quem tem

Como organizar sua vida financeira

Investimentos inteligentes

Empreendedores inteligentes enriquecem mais

Os segredos dos casais inteligentes

A riqueza da vida simples

Dez bons conselhos de meu pai

Para saber mais sobre os títulos e autores da Editora Sextante,
visite o nosso site. Além de informações sobre os
próximos lançamentos, você terá acesso a conteúdos exclusivos
e poderá participar de promoções e sorteios.

sextante.com.br